# MEIN

# Selfcare

## JOURNAL

MEIN

# Selfcare

## JOURNAL

EIN BUCH DER
EDITION MICHAEL FISCHER

# Inhalt

## DEIN JOURNAL 27

# Vorwort

Meine Geschäftspartnerin und Freundin Sophia und ich waren gemeinsam auf Bali, um vor der Gründung unserer Firma, der Eröffnung unseres Studios und dem großen gemeinsamen Schritt mit Kale & Cake, nochmal unsere Bindung zu vertiefen. Wir waren tief im Inneren dieser magischen Insel der Götter, wo es viele Wasserfälle gibt. Um auch sicher die schönsten zu finden und die geheimen Wege und Pflanzen der Insel zu erkunden, buchten wir einen Guide. Ein junger Mann, mit eher gebrochenem Englisch und bestimmt noch nie weit gereist, kam und führte uns von Wasserfall zu Wasserfall. Diese unerwartete Begegnung war wohl eine der bedeutenderen in meinem Leben. Wir hatten unglaublich nette Gespräche über Reisen, die Pflanzen, Bali, den Tourismus und dann auch über unser Handeln gegenüber der Natur. Da sagt der junge Guide etwas zu uns, eine balinesische Weisheit, die seitdem unser Leben umrahmt: Es gibt drei Beziehungen, die wir in unserem Leben pflegen sollen. Die Beziehung zu uns selbst, die Beziehung zu anderen und die Beziehung zu unserer Mutter Natur.

Diese Weisheit umfasst alles, was wichtig ist und sie zeigt, dass wir alles in uns haben – wir müssen nicht weit reisen und viele Kulturen entdeckt haben oder brauchen akademische Grade, um die Essenz des Lebens zu erkennen. Dieser junge Mann hat auf so vielen Ebenen einen bleibenden Eindruck bei uns hinterlassen und seitdem frage ich mich: Wie kann ich diese drei Beziehungen pflegen?

Seit diesem Tag ist das unser Kompass für Kale & Cake, aber auch privat nutze ich ihn für jegliche Entscheidung und Richtung, geleitet durch die yogische Philosophie.

Möge dir dieses Journal dabei helfen, die Beziehungen zu pflegen und dein Leben glücklicher und zufriedener zu gestalten. Eine Mischung aus allem, was ich selbst nutze, was mich inspiriert und deinen eigenen Reflexionen und Gedanken.

Von mir von Herzen für dich.

## ZU KALE & CAKE

Kale & Cake steht für den Weg der Mitte: mal gesund und organisiert, mal ungesund und einfach sein. Letzten Endes geht es um die richtige Balance im Leben und genau das repräsentieren wir im K & C Tribe.

Wir wollen dich dabei unterstützen, deinen Ausgleich zu finden, irgendwo zwischen den Extremen, wo alles sein darf und nichts muss. Wir wollen einen Raum für ein bewusstes Leben und bewusste Bewegung schaffen, in dem du dich wohl fühlst, in dem wir miteinander und voneinander lernen können. Einen Raum, der nicht nur im Außen existiert, sondern auch in deinem Inneren wächst und dich auf deinem ganz eigenen Weg begleitet.

Wir nennen unser Studio und Firma BodyMindTherapy, denn wir möchten dich nicht verbessern oder optimieren. Wir glauben, frei nach der Yoga-Philosophie, daran, dass du bereits perfekt bist und wir dir helfen möchten, das zu erkennen und über unterschiedliche Wege wieder zu erleben.

Unsere Vision ist es, mit BodyMindTherapy ausgeglichene Menschen zu schaffen, um der Welt dabei zu helfen, in ihre ursprüngliche Balance zurückzufinden.

Mehr Infos findest du unter www.kaleandcake.de

# Einleitung

Unsere Natur ist es, das in unserer Umgebung zu entdecken und zu bemerken, was gefährlich sein kann: ein Rascheln in den Blättern durch ein angreifendes Tier, ein versteckter Graben, in den man fallen könnte, ein Stock, der auch eine giftige Schlange sein könnte. Diese Fähigkeit war früher wichtig für das Überleben. Nun hat sich die Welt in einem Affentempo vom Leben im Busch zum heutigen Datenzeitalter entwickelt, unsere Instinkte jedoch nicht. Daher finden wir dauernd das sogenannte Haar in der Suppe: das, was nicht passt, was unangenehm ist. Man könnte meinen, es ist unser Volkssport: Der Sommer ist zu heiß, dann ist er wieder zu schnell vorbei. Freie Tage sind erwünscht, wenn sie da sind, sind sie zu wenig.

Unser Gehirn sucht unbewusst nach einem „Fehler", was uns durchgehend in einem Gefühl von Mangel zurücklässt.

Deswegen ist es fundamental wichtig für dieses zufriedene und glückliche Leben, nach dem wir doch alle suchen, aktiv die Perspektive, wie wir die Welt sehen, zu ändern und uns ihrer bewusst zu werden. Sozusagen diese Instinkte

umzutrainieren, denn das Leben ist zu schön, als dass wir uns immer nur auf das konzentrieren, was nicht passt.

Die Grant-Studie der Harvard University, die 75 Jahre lang Menschen untersucht hat, um herauszufinden, was uns glücklich macht, ist zu einem eindeutigen Ergebnis gekommen:

Es sind gesunde Beziehungen, die bei uns auf Dauer für Zufriedenheit sorgen.

Jedoch ist es leichter gesagt als getan, gesunde Beziehungen zu führen.

Am Ende ist der Ursprung aller Beziehungen, diejenige, die wir zu uns selbst haben. So sehr „Selbstliebe" und „Selfcare" als Trend der neuen Zeit wirken, so wichtig sind sie zu jeder Zeit. Denn derzeit sind unsere Grundbedürfnisse gestillt, nach Maslows Pyramide haben wir aktuell den Luxus und auch die Aufgabe uns der Selbstverwirklichung zu widmen. Maslowsche Bedürfnis-Pyramide ist ein sozialpsychologisches Model des Psychologen Abraham Maslow und beschreibt sehr vereinfacht unsere Bedürfnisse in einer hierarchischen Form und versucht dadurch Motivationen für unser Handeln zu erklären. Ganz unten stehen Dinge wie Hunger, Schlaf, Unterschlupf ... – die sogenannten Grundbedürfnisse. Es besagt, man kümmert sich erst um Bedürfnisse weiter oben in der Pyramide, wenn die drunterliegenden gestillt sind. Wenn ich hungrig bin oder nicht in Sicherheit, ist Anerkennung oder Selbstverwirklichung nicht von großer Bedeutung für den Menschen. Da in unserer Gesellschaft meist die ersten vier Stufen der Pyramide gestillt sind, durch unsere Industrialisierung und unseren Wohlstand, können wir uns um die Selbstverwirklichung, die Spitze der Pyramide kümmern, was ein Privileg und Geschenk ist.

Das kann ich nur, wenn ich mich kenne, wenn ich mit mir gut umgehe, über meine tiefen Bedürfnisse Bescheid weiß und die Signale meines Körpers, meines Herzens, meines Verstandes sowie mein Bauchgefühl verstehe. Jedoch werde ich dauernd abgelenkt, denn die Welt da draußen suggeriert Glück in anderen Dingen: neue Schuhe, Erfolg aufgebaut auf Geld und Status, ein Partner, der schlanke Körper ...

Was auch immer es sein mag, es fällt uns immer etwas Neues ein, was noch nicht „optimiert" ist.

Diese Dinge, die unsere moderne Welt uns bietet, zu genießen und nutzen ist willkommen, sie als Quelle für Glück und ein erfülltes Leben zu glauben, ist Trugschluss.

Deswegen geht es in diesem Journal wöchentlich darum, dich auf die Beziehungen in deinem Leben zu fokussieren, mit einfachen Routinen, kleinen Inspirationen und Ideen die Verbindung zu dir zu stärken und somit das Einzige anzupacken, was tatsächlich zu Verbindung und Veränderung führt: Verbindung und Veränderung bei dir selbst, von innen.

# Grundlagen

# DIE DREI
*Beziehungen*

## DIE BEZIEHUNG ZU DIR SELBST – BASIS UND URSPRUNG ALLER ANDEREN BEZIEHUNGEN

Irgendwie sind wir zu niemandem so fies wie zu uns selbst. Vor allem im Kopf. Das erstaunt mich immer wieder, denn die Beziehung zu dir selbst ist die längste und wichtigste, die du in deinem Leben hast. Ich versuche, mir hier immer wieder vorzustellen, dass ich mit mir wie mit meiner besten Freundin rede. Denn zu ihr würde ich nie einfach sagen „Oh Mann, siehst du schon wieder dick aus", „Das kannst du doch sowieso nicht", oder den Klassiker „Dafür bist nicht gut/schön/intelligent genug." Warum sagen wir uns dann selbst so einfach diese gemeinen Dinge? Gedanken sind sehr machtvoll und sollten hierbei nicht auf die leichte Schulter genommen werden, denn alles, was wir kreiert sehen in der Welt, war einmal ein Gedanke, ebenso wie jedes gesagte Wort.

Es wird gesagt, dass unsere schlimmste Sucht das Denken ist und deswegen Meditation, bei der wir die Gedanken beruhigen und uns von ihrer Glaubhaftigkeit lösen, so schwierig ist.

Es hat für mich sehr lange gebraucht, zu erkennen, dass schwierige Beziehungen mit Partnern oder auch Freunden wenig mit dem Gegenüber zu tun hat, sondern vor allem mit mir selbst. Wenn ich mich frage, warum meine Beziehungen immer wieder schwierig sind, ähnliche Streits entstehen oder bestimmte Themen zu Konflikten führen, sind es Dinge in mir, die vom Gegenüber gespiegelt oder durch das Verhalten der Person getriggert werden. Auch ziehen sich ähnliche Probleme gerne an, denn zusammen leiden ist nur halb so schlimm.

Aber wir suchen doch alle nach Akzeptanz, dieser radikalen Akzeptanz, die uns sagt, dass wir okay sind, so wie wir sind. Wir suchen sie im Außen, aber die Menschen, von denen wir sie uns wünschen, suchen ja das Gleiche. Wir können nur geben, was wir auch selbst haben – irgendwie ironisch. Um also jemandem das Gefühl geben zu können, dass wir ihn annehmen, wie er ist, müssen wir dieses Gefühl selbst kreieren. In uns. Sich selbst mit offenen Armen und Herzen annehmen und diese Beziehung genauso behandeln wie eine im Außen. Denn am Ende ist das die Quelle von allem Anderen, was du in dein Leben ziehst, was du in deinem Leben erschaffst, und wie du in die Welt hinaus gehst.

So ist dies die Basis all deiner Selbstfürsorge, denn die beiden anderen Beziehungen sind ein Resultat daraus, wie du zu dir selbst stehst.

## BEZIEHUNG ZU ANDEREN – QUELLE FÜR EIN LANGFRISTIG GLÜCKLICHES LEBEN

Wenn du mit dir verbunden bist, dann kannst du mehr geben und andere mehr unterstützen. Sie in ihrer Einzigartigkeit feiern anstatt als Konkurrenz oder Gegner zu sehen, denn du erkennst langsam aber stetig, dass du okay bist, genau wie du bist. Und schon sind andere okay, so wie sie sind. Ist nicht das konstante Vergleichen und Bewerten das, was uns trennt und einen fahlen Beigeschmack hinterlässt? Wie schön ist es, sich von Herzen für den Erfolg, die harmonische Beziehung, das gute Aussehen oder einfach das Glück anderer zu freuen? Schon fallen Dinge wie Mitgefühl und Großzügigkeit leichter, denn du behandelst dich selbst auch so. Seit ich mich bewusst mehr um mich kümmere, mir Zeit nehme für Dinge, die mir gut tun und an meinen negativen Glaubenssätzen über mich arbeite, haben sich die Beziehungen mit Menschen in meinem Leben sehr verändert. Das hat natürlich alles mal mehr und mal weniger Raum – das ist okay und ganz normal. Auch hier ist Mitgefühl ein guter Anfang

BEZIEHUNG ZUR UMWELT – ZURÜCK
ZU UNSEREM URSPRUNG UND
WIEDER IN EINHEIT LEBEN STATT
GETRENNT. VERANTWORTUNG
ÜBER DAS EIGENE LEBEN HINAUS,
FÜR NÄCHSTE GENERATIONEN.

Aber was hat Selfcare mit der Umwelt zu tun?

Wenn wir zufrieden mit uns selbst sind, dann sind wir in Harmonie und haben nicht das Bedürfnis, uns durch Anhäufen von Besitz und Dingen im Außen glücklich zu machen. Wir sind verbunden mit der Natur, die nur nimmt, was sie braucht. Wenn wir unzufrieden sind, gestresst oder uns ungeliebt fühlen, tappen wir meist in die Falle der Werbungen, die versprechen, dass man mit dieser Haarspülung endlich dem Schwarm auffällt. Denn diese Konsumwelt, die einen großen Anteil an der Umweltverschmutzung hat, lebt davon, dass wir uns nicht mögen. Dann kaufen wir mehr, als wir

brauchen, und finden doch nie die Zufriedenheit, die wir uns durch die neue Hose erhofft hatten. Deswegen ist es ein radikaler Schritt, sich selbst zu lieben und dadurch Zufriedenheit und das Glücklichsein unabhängig(er) von Besitztümern, Erfolg, Status und Ähnlichem zu machen. Bewusstes Konsumieren mit Freude und Herz kann etwas sehr Schönes sein, aber eben stets in Maßen und im Einklang mit den drei Beziehungen.

Dazu mal Hand aufs Herz: Wann bist du richtig erfüllt und im Moment? Passiert das nicht bei einem atemberaubenden Sonnenaufgang? Wenn du den Gipfel bei einer Wanderung erklommen hast? Wenn die Gischt des Meeres dir um die Ohren rauscht? Wenn du einem Tier zusiehst? Wenn du durch einen schönen Wald spazierst? Das alles können wir gut ausblenden im urbanen Leben, doch sobald ich nur einen Tag mal wieder in der Natur war, merke ich, wie meine Speicher sich aufladen.

Nur was, wenn wir, unsere Kinder und Kindes-
kinder bald nicht mehr diesen Luxus haben?
Ein unangenehmes, aber nicht unwahrschein-
liches Szenario, wenn wir nicht etwas ändern.

Die drei genannten Beziehungen sind untrenn-
bar miteinander verwoben, denn unser Leben
auf dem Planeten ist es auch. Das Einzige, was
jedoch wirklich in unserer Hand liegt, ist, wie
wir mit der Welt von innen aus agieren und in
Kontakt treten. Fühlt sich wenig an? Manchmal weißt du nicht, was ein einziger liebevoller
Satz zu einem Fremden bewirken kann, was
eine kleine Tat in deinem Leben für einen Ripp-
le Effekt haben kann. Ich habe lieber die Opti-
on, das Leben meiner Träume zu führen, anderen Menschen dabei zu helfen, das auch zu
erreichen und die Natur zu ehren, als es nicht
versucht zu haben.

Wann bist du erfüllt
und im Moment?

# YOGA ALS KOMPASS:
## Philosophie – Einheit

Uns durch unser komplexes Leben zu navigieren ist eine große Herausforderung. Unsere Handlungen haben durch die Globalisierung Auswirkungen auf Menschen am anderen Ende der Welt. Die Optionen, die wir für unser Leben haben, sind beinahe unendlich, und die Ansprüche dabei extrem hoch. In diesem Strudel ist Yoga als Praxis, aber auch als Philosophie eine Art Anker für mich geworden. Ein Kompass, nach dem ich mich ausrichte, wo ich Antworten finde, wenn mir das Leben Herausforderungen vor die Beine wirft. Daher habe ich dir hier ein paar Hintergründe und die Dos and Don'ts des Yoga zusammengeschrieben. Weitere Details und Infos zu Yoga Flows zum Nachmachen findest du auch in meinem Buch „Yoga Flow Balance".

Die Geschichte des Yoga ist unglaublich komplex und vielschichtig. Sie blickt auf unzählige Mythen und Legenden sowie auf Jahrtausende der Entwicklung zurück und hat sich zu unterschiedlichsten Strömungen weiterentwickelt. Die Wurzeln können fast 5000 Jahre zurückverfolgt werden. Die klassische, heute uns bekannte Lehre wurde erst in den Jahren 50 bis 200 n. Chr. von Patanjali im „Yogasutra" erst-mals schriftlich festgehalten. Yoga wird hier als achtgliedriger Pfad beschrieben. Mit dessen Hilfe soll im Yoga die Anhaftung an das Weltliche – an das, was wir sehen – überwunden werden. Auf diese Weise lernt man, durch Achtsamkeit und Präsenz im Jetzt zu leben. Meistert man alle acht Übungen, steht am Ende des Pfads die Erleuchtung – zu sehen, was wirklich ist. Man existiert in vollkommener Harmonie mit sich und dem Universum. Der Yoga-Leitfaden nach Patanjali zeigt wunderschön, dass die Asana-Praxis, also die physische Komponente des Yoga, nur ein kleiner Teil eines Lebens auf dem Yoga-Weg ist. Die physische Praxis als Zugang zu Yoga und zur Verbindung von Körper und Geist zu nutzen, ist besonders in der westlichen Welt verbreitet. Sie bietet wohl den direktesten Zugriff für eine sehr körperlich betonte Gesellschaft. Ich selbst bin auf diesem Weg zum Yoga gekommen und praktiziere ebenfalls vorwiegend Asana. Doch so unbedeutend die philosophischen Aspekte des Yoga anfänglich für mich waren, umso mehr erkenne ich inzwischen ihre Bedeutung, wie sie mein Leben bereichern und mir mehr Klarheit bringen.

**Der achtgliedrige Pfad besteht aus:**

**YAMA:** Universelle Moral für das Zusammenleben

**NIYAMA:** Umgang mit sich selbst

**ASANAS:** Körperliche Praxis und Haltungen

**PRANAYAMA:** Atemtechniken

**PRATYAHARA:** Kontrolle der Sinne

**DHARANA:** Konzentration

**DHYANA:** Meditation

**SAMADHI:** Erleuchtung – Vereinigung mit dem Höchsten

Alle Schritte können auf dem Yoga-Weg gleichzeitig gegangen werden. Den Ashtanga, den achtgliedrigen Pfad, kann man sich wie einen Baum vorstellen: Die ersten vier Stufen sind die Wurzeln und starke Basis. Sie konzentrieren sich darauf, unsere Persönlichkeit zu verfeinern, Kontrolle über unseren Körper zu erlangen und eine Achtsamkeit für Energie zu entwickeln, um uns auf spirituelles Wachstum in den nächsten Stufen vorzubereiten. Die weiteren vier Stufen sind die Äste und Blätter des Baums. Sie behandeln die Sinne, den Geist und das Erreichen eines höheren Bewusstseinszustands.

# DIE YAMAS
## und Niyamas

In allen großen Religionen gibt es Gesetze und Gebote. In ihnen wird doktrinisch und klar beschrieben, was man tun sollte, um im Bezugsrahmen der jeweiligen Religion ein guter Mensch zu sein. Im Yoga gibt es dafür die sogenannten Yamas und Niyamas, sozusagen die Dos and Don'ts des Yoga. Dies sind Richtlinien, die Teil der täglichen Praxis eines Yogis sind. Durch ihre eher allgemeine Formulierung können sie entsprechend der persönlichen Ausrichtung interpretiert und priorisiert werden. Die Yamas beschreiben zuerst den Umgang mit der eigenen Umgebung, den Mitmenschen und der Umwelt, also so etwas wie eine universelle Moral für ein harmonisches Zusammenleben. Die Niyamas beschreiben den Umgang mit sich selbst, die eigene Berücksichtigung Denn wie mein Lehrer Gwyn immer sagt: „A true servant takes care of himself first."

## 1. YAMAS

### Ahimsa: Keine Gewalt

Ahimsa ist wohl die bekannteste Richtlinie aus dem Yoga und spricht sich nicht nur gegen physische Gewalt aus, sondern auch gegen psychische Gewalt. Ahimsa steht für Achtsamkeit: wie man seine Worte wählt und welche Wirkung das eigene Verhalten auf andere hat. Es fordert vor allem Rücksichtnahme auf Mitmenschen, alle Lebewesen und die Umwelt.

### Satya: Ehrlichkeit

Satya steht dafür, die Wahrheit zu sprechen. Dies soll allerdings unter Einbezug der gegebenen Situation geschehen. Es ist nicht immer erwünscht, die ganze Wahrheit zu sagen, da dies auch mehr Schaden als Gutes anrichten kann. Hier muss man sich unter Einbezug von Ahimsa entscheiden. Satya steht für ehrliche Kommunikation als Basis für jede gesunde Beziehung, Gemeinschaft oder Regierung.

## Asteya: Kein Stehlen

Nichts zu nehmen, was nicht dein ist, bedeutet Asteya. Dies ist nicht auf Gegenstände oder Besitztümer eingeschränkt, sondern umfasst auch gedankliche Schätze, z. B. wenn einem etwas Geheimes oder Persönliches anvertraut wird. Asteya bedeutet auch, rücksichtsvoll mit der Zeit oder Zuwendung anderer umzugehen, denn auch das ist das persönliche Gut eines anderen. Stehlen betreiben wir Menschen sehr intensiv mit der natürlichen Welt, indem wir mehr nehmen, als natürlich vorhanden ist. Dies zeigt sich jedes Jahr am sogenannten „Earth Overshoot Day". Dieser markiert den Zeitpunkt, an welchem wir im jeweiligen Jahr die natürlich nachwachsenden Ressourcen verbraucht haben und sozusagen „auf Pump" von der Natur leben. Dieser Tag findet aktuell bereits Anfang August statt.

## Brahmacharya: Kontrolle der Sinne

Oft wird dieses Yama mit dem Zölibat verbunden, jedoch kann es in modernem Sinne als „Verschwendung von Energie" interpretiert werden. Das bedeutet zum Beispiel nicht abgelenkt zu werden von den wichtigen Dinge im Inneren durch äußere Gelüste und Sehnsüchte.

## Aparigraha: Keine Anhäufung von Reichtum

Das letzte der Yamas ist vielleicht eines der bedeutendsten in der heutigen Zeit, denn es bezieht sich auf unsere Umwelt und die gigantische Imbalance zwischen Arm und Reich. Aparigraha erinnert uns daran, nur das zu nehmen, was man für das eigene Leben braucht. Weder Situationen noch Menschen oder der Planet dürfen für das eigene Wohl oder die Anhäufung von Besitz ausgebeutet werden. Mit Aparigraha übt der Yogi das Nicht-Festhalten von Dingen und auch von Menschen, mit dem Verständnis, dass sich alles konstant verändert und nichts beständig ist.

## 2. NIYAMAS

### Sauca: Reinheit

Das erste Niyama steht nicht nur für die äußerliche Reinigung des Körpers, sondern auch die innere Reinheit im Bezug auf einen gesunden Körper und einen klaren Geist. Die Praxis von Pranayama und Asana reinigt, entgiftet und hält den Körper fit, wobei Meditation den Geist von negativen Gedanken befreit.

### Santosha: Zufriedenheit

Santosha zu praktizieren bedeutet, zufrieden mit dem zu sein, was man hat, und nicht unglücklich über das zu sein, was man nicht hat. Dieses Niyama soll auch in schwierigen Situationen oder Lebensabschnitten ermutigen, sich daran zu erinnern, dass alles einen Grund hat. Also frei nach Karl Valentin: „Ich lache, wenn es regnet, denn wenn ich nicht lache, regnet es auch."

### Tapas: Disziplin

Übersetzt bedeutet Tapas, den Körper zu erhitzen und fit zu halten. Asana und Pranayama eignen sich dafür ideal und lehren, die eigene Energie zu lenken und zu bündeln, um ein bestimmtes Ziel zu erreichen, ein erfülltes Leben zu führen und sich dem höheren Ganzen zu widmen. Es geht darum, Disziplin zu üben und somit den Willen zu stärken, die Dinge zu erreichen, die man sich wünscht.

### Svadhyaya: Selbststudium/Reflexion

Svadhaya meint die Reflexion des eigenen Handelns und Denkens, um mehr Achtsamkeit in Bezug auf den Umgang mit unserer Umwelt und uns selbst zu üben. Bei Svadhyaya ist man sich selbst zugleich der beste Lehrer und Schüler, um ausgeglichen und nicht reaktiv in unerwünschten oder unangenehmen Situationen zu handeln.

### Isvarapranidhana: Hingabe

Das letzte Niyama steht für die Hingabe an Gott, an das Höchste oder ein anderes universelles Prinzip, je nachdem wie es definiert wird. Es geht darum, sich mit ganzem Herzen einer Sache hinzugeben, alle anderen Dinge und Geschehnisse loszulassen und damit Präsenz zu üben.

Nach welchen Werten orientierst du dich?

# INTRO
## Meditation

Unser heutiges Leben ist geprägt von Schnell-lebigkeit, Stress und der Suche nach Zufrieden-heit. Es fehlen Ausgleich und Balance vom dauernden Tun. Genau hier kommt Meditation ins Spiel. Aber was ist Meditation? Und ist sie nur ein Hype oder etwas, was wir alle lang-fristig in unser Leben integrieren sollten, um glücklicher und zufriedener zu werden?

Der einzige Moment, in dem wir wirklich etwas tun und Herausforderungen anpacken können, ist das Jetzt. Hört sich spirituell an, ist jedoch eine Tatsache. Alle großen Errungenschaften bestehen aus vielen kleinen Schritten, die im Jetzt getan wurden. Ein Marathon läuft sich aus vielen einzelnen Schritten im Jetzt. Wir ver-lieren uns nur so viel im Tun, dass wir oft unzu-frieden sind, denn dieses „Später", auf das wir hinarbeiten, findet nie statt.

Achtsamkeit ist, die Sinne und Aufmerksamkeit auf das Jetzt zu richten: Was tue und denke ich in diesem Moment?

Mit Meditation und Achtsamkeit auf den Atem beruhigen wir die Gedanken im Kopf, die sich meistens um Dinge drehen, die unklar in der

Zukunft liegen, wie Sorgen, oder bereits in der Vergangenheit, wie Erinnerungen. Diese Gedanken bestimmen unsere Handlungen und kreieren viel Leid. Du kennst das sicher, wenn du dir im Kopf ein Szenario zusammen-reimst, wie etwas ablaufen oder jemand rea-gieren könnte, und der Stress und die Sorgen, die dadurch entstehen, verbrauchen deine Ener-gie – und am Ende kommt doch alles anders.

Wenn wir uns in Meditation setzen – man kann auch Gehen, Laufen, Stricken und Ähnliches zu Meditation werden lassen – dann bringen wir alle Aufmerksamkeit und Konzentration auf die Dinge in diesem Moment. Denn vieles, was sich da oben im Kopf abspielt, ist ziemlicher Quatsch.

Es geht nicht darum, die Gedanken zu stoppen, sondern sie nicht mehr festzuhalten oder zu glauben. Wahrzunehmen, wohin die Gedanken gehen, was da alles im Kopf rumgesponnen wird, um dann immer wieder zurückzukehren zu dei-nem Mantra (Hier im Journal gibt es für dich dazu immer wieder Inspirationen.) oder der Kon-zentration auf den Atem. Somit bekommst du mehr Ruhe und Achtsamkeit in dein Leben, anstatt unbewusst von einer zur nächsten

Situation zu hetzen und dabei die Wunder des Lebens zu verpassen, wie deinen faszinierenden Atem.

In der Yoga-Tradition ist Asana, also das physische Yoga, nur Mittel zum Zweck. Damit der Körper stark und flexibel ist, um lange regungslos, am besten auf dem Steinboden, im Lotussitz sitzen zu können, ohne dass Rücken oder Knie meckern. Denn Schmerz ist nicht hilfreich, wenn man Erleuchtung sucht. Als ich das zum ersten Mal bewusst lernte (tatsächlich in meinem ersten Yoga Teacher Training) war ich erstaunt – denn wie viel kann schon einfach nur Rumsitzen bewirken? Tatsächlich sind nicht nur die wissenschaftlichen Beweise durch Forscher wie Dr. Joe Dispenza oder Deepak Chopra unglaublich, sondern auch, was ich selbst erlebe, seit ich regelmäßig meditiere. Ich bin stressresistenter, klarer in meinen Handlungen, geerdeter und kann mich klarer abgrenzen, wenn mir etwas zu viel wird. Ich bin ruhiger und insgesamt entspannter. Als ich nach einem Bandscheibenvorfall vor Schmerzen in der Halswirbelsäule kaum schlafen konnte, hat Meditation einen großen Beitrag zu meiner Heilung geleistet. Probier es einfach aus, man muss es selbst erleben – ich habe tatsächlich auch länger gebraucht, bis ich es regelmäßig geschafft habe.

Fange mit 5 Minuten morgens an. Anstatt gleich aus dem Bett zu springen, setze dich im Bett aufrecht hin und beobachte 5 Minuten deinen Atem. Mache daraus dann irgendwann 10–20 Minuten. Du wirst bald merken, wie gut es dir tut.

Du kannst dich natürlich auch wie ich in ein ruhiges Zimmer zurückziehen, einen angenehmen Alarm stellen, eine Kerze anzünden und einfach für 10–20 Minuten sitzen. Es gibt mittlerweile viele Möglichkeiten für Meditationen: Apps, Podcasts, Workshops, Timer usw. Probier aus, was dich anspricht und dir gut tut.

## Woche

12.–18. April 2021

# Mantra/Intention
## für die Woche

*Ich vertraue dem Universum, denn das Leben ist für mich.*

## FOKUS DER WOCHE

| | | |
|---|---|---|
| ○ Selbstbewusstsein | ⊗ Hingabe | ○ Entspannung |
| ○ positive Energie | ○ Ruhe | ⊗ Vertrauen |
| ○ Kraft und Stärke | ○ Erdung | ○ |

## WAS TUE ICH DIESE WOCHE FÜR DIE 3 BEZIEHUNGEN?

**Für mich**

- Yoga-Klasse
- Kochen mit Lara, Lena und Sophia
- Massage

**Wann?** (Setze einen Termin)

16. April 7.15h
Mittwoch, 14. April
Montag, 10h

**Für andere**

- Zeit nehmen und Oma anrufen

**Für die Umwelt**

- In der Kantine diese Woche vegetarisch essen

Für Inspirationen siehe Seite 28–31

## Was wird herausfordernd diese Woche?

*Die Präsentation am Donnerstagnachmittag*

## Was kann ich aktiv tun?

*Ich beginne meinen Tag mit Yoga und Meditation. Denn ich bin gut vorbereitet und werde das rocken!*

## Worauf freue ich mich diese Woche?

*Auf den Abend mit meinen Freundinnen. Ich mach das Handy aus und genieße die Zeit zusammen.*
*Yoga am Freitag ist schon wie Wochenende*

## Wofür bin ich dankbar?

*Meine Freundinnen, die mich unterstützen, aber auch hinterfragen.*

## WAS MÖCHTE ICH JEDEN TAG TUN?

Ich *spaziere* **jeden Tag** *mindestens 20 Minuten* ,

weil *es mir nach der frischen Luft immer besser geht.*

o Mo    o Di    o Mi    o Do    o Fr    o Sa    o So

# Zitat

Hier findest du Zitate, Anregungen und Aufgaben als Inspiration für dich.

# Dein Journal

# Nützliche Listen

Hier findest du Inspirationen für die Aufgaben, mit denen du etwas für dich, für andere und die Umwelt tust.

## ▍INSPIRATIONEN: BEZIEHUNG ZU DIR SELBST

Hier gibt es ein paar Inspirationen für die drei Dinge, die du jede Woche für deine Selfcare machst. Sie dürfen sich natürlich auch wiederholen. Vielleicht wird eine sogar zum regelmäßigen Ritual.

○ Nimm dir Zeit für einen Spaziergang alleine. Schalte dabei deinen Lieblingspodcast oder Lieblingsmusik an. Kennst du schon meinen Podcast „Kale & Cake"?

○ Nimm dir Zeit, etwas für dich zu kochen: gesund und nährend.

○ Mach dir ein heißes Bad, Kerzenlichter an und entspanne einfach.

○ Nimm dir Zeit für Sport.

○ Probier eine neue Disziplin aus: Yoga, Klettern, Tanzen, Schiwmmen ...

○ Geh zu einer Massage.

○ Geh alleine ins Restaurant und führe dich selbst aus.

○ Mach ein Nickerchen.

○ Creme dich mit Sesamöl ein und nimm dir dafür reichlich Zeit.

○ Male ein schönes Bild, einfach aus dem Bauch und ohne Ziel.

○ Mach dir ein Fußbad.

## INSPIRATIONEN: BEZIEHUNG ZU ANDEREN

O Schreibe jemandem, den du liebst, eine nette Nachricht – einfach so. Schreibe, was du an dieser Person so schätzt und warum du dankbar bist, dass sie in deinem Leben ist.

O Mache jemandem ein kleines Geschenk: Blumen, Lieblingsobst, einen Tee ... ohne Anlass.

O Biete deine Hilfe bewusst jemandem an, auch wenn er oder sie nicht danach fragt.

O Entschuldige dich bei jemandem zuerst.

O Lade jemanden ein, den du lange nicht gesehen hast und koche für die Person etwas Schönes.

O Höre jemandem zu, ohne kommentieren zu wollen. Sei einfach da.

O Schreibe eine Karte an jemanden, der nicht in deiner Stadt lebt.

O Lächle jemanden unterwegs an, ganz ohne Grund und Hintergedanken.

O Sortiere deine Kleidung aus und spende gut erhaltene Teile an ein Frauenhaus oder eine Flüchtlingsunterkunft.

## | INSPIRATIONEN: BEZIEHUNG ZUR UMWELT

O Schaue in deinem Bad, wo du auf plastikfreie und naturbelassene Produkte umsteigen kannst. Seife statt Duschgel, Hautöl statt Hautcreme, Zahnbürste aus Holz ...

O Schaue dir eine Doku von Sir David Attenborough an. Nichts bringt uns mehr dazu, etwas zu schützen, als wenn wir es kennen, lieben und uns dafür begeistern.

O Kompensiere Flüge, Autofahrten und Essen bei *a mindful mission* oder *atmosfair.*

O Schaue in deiner Küche, wo du auf plastikfreie und naturbelassene Produkte umsteigen kannst. Waschbare Schwämme, Stoffbeutel beim Kauf von Gemüse und Obst, Holzbürste statt Plastik ...

O Versuche dich beim Spazierengehen genauer umzusehen: Wie heißen die Bäume um dich herum? Geh mal runter vom Weg und auf unebenem Untergrund, lausche den Vögeln ...

O Suche dir nachhaltige Labels für neue Kleidung, Kosmetik, Accessoires oder Möbel.

O Probiere vegane Rezepte wie Linsen-Bolognese aus.

## ▍DINGE, DIE ICH AN MIR MAG

Es ist sicher erstmal komisch und befremdlich, aufzuschreiben, was du an dir magst. Es hat jedoch nichts mit eingebildet sein zu tun. Sei selbstbewusst und stehe zu all deinen wunderschönen Seiten, damit du dich irgendwann auch komplett und ganz annehmen und lieben kannst. Der rebellischste Akt dieser Zeit ist es wohl, sich selbst radikal zu lieben.

○ ......................................................................................

○ ......................................................................................

○ ......................................................................................

○ ......................................................................................

○ ......................................................................................

○ ......................................................................................

○ ......................................................................................

○ ......................................................................................

○ ......................................................................................

*Woche* .............................................

## Mantra / Intention
### für die Woche

...................................................................

...................................................................

## FOKUS DER WOCHE

o Selbstbewusstsein  o Hingabe  o Entspannung

o positive Energie  o Ruhe  o

o Kraft und Stärke  o Erdung  o

## WAS TUE ICH DIESE WOCHE FÜR DIE 3 BEZIEHUNGEN?

**Für mich**  **Wann?**

**Für andere**

**Für die Umwelt**

Für Inspirationen siehe Seite 28–31

**Was wird herausfordernd diese Woche?**      **Was kann ich aktiv tun?**

**Worauf freue ich mich diese Woche?**      **Wofür bin ich dankbar?**

## WAS MÖCHTE ICH JEDEN TAG TUN?

Ich .................................................. jeden Tag .................................................. ,

weil ..................................................................................................................................

○ Mo      ○ Di      ○ Mi      ○ Do      ○ Fr      ○ Sa      ○ So

## Zitat

„Wenn ich mein Leben noch einmal leben könnte, würde ich
die gleichen Fehler machen. Aber ein bisschen früher, damit
ich mehr davon habe."

MARLENE DIETRICH

*Woche* .......................................................

## Mantra / Intention
### für die Woche

.......................................................

.......................................................

## FOKUS DER WOCHE

- ○ Selbstbewusstsein
- ○ positive Energie
- ○ Kraft und Stärke

- ○ Hingabe
- ○ Ruhe
- ○ Erdung

- ○ Entspannung
- ○
- ○

## WAS TUE ICH DIESE WOCHE FÜR DIE 3 BEZIEHUNGEN?

**Für mich**                    **Wann?**

**Für andere**

**Für die Umwelt**

Für Inspirationen siehe Seite 28–31

**Was wird herausfordernd diese Woche?**   **Was kann ich aktiv tun?**

**Worauf freue ich mich diese Woche?**   **Wofür bin ich dankbar?**

## WAS MÖCHTE ICH JEDEN TAG TUN?

Ich .......................................... jeden Tag .................................................... ,

weil .......................................................................................................

o Mo   o Di   o Mi   o Do   o Fr   o Sa   o So

*Aufgabe*

Nimm dir Zeit für einen Spaziergang und trage dir den Termin dafür
in den Kalender ein.

*Woche* ..............................................

# *Mantra / Intention*
## für die Woche

..............................................

..............................................

## FOKUS DER WOCHE

○ Selbstbewusstsein    ○ Hingabe    ○ Entspannung

○ positive Energie    ○ Ruhe    ○

○ Kraft und Stärke    ○ Erdung    ○

## WAS TUE ICH DIESE WOCHE FÜR DIE 3 BEZIEHUNGEN?

Für mich                          Wann?

Für andere

Für die Umwelt

Für Inspirationen siehe Seite 28–31

**Was wird herausfordernd diese Woche?**     **Was kann ich aktiv tun?**

**Worauf freue ich mich diese Woche?**     **Wofür bin ich dankbar?**

## WAS MÖCHTE ICH JEDEN TAG TUN?

Ich .................................................. jeden Tag .................................................. ,

weil ..........................................................................................................................

○ Mo     ○ Di     ○ Mi     ○ Do     ○ Fr     ○ Sa     ○ So

*Aufgabe*

Kaufe dir eine Gemüsesorte, die du noch nie gekocht oder gegessen
hast, und koche etwas mit ihr. Ich mache das oft, da in meiner
Gemüsebox mit gerettetem Gemüse, die regelmäßig kommt,
immer was dabei ist, was ich sonst nie kaufen würde.

*Woche* ......................................................

## *Mantra / Intention*
### für die Woche

......................................................

......................................................

## FOKUS DER WOCHE

○ Selbstbewusstsein      ○ Hingabe           ○ Entspannung

○ positive Energie        ○ Ruhe             ○

○ Kraft und Stärke        ○ Erdung           ○

## WAS TUE ICH DIESE WOCHE FÜR DIE 3 BEZIEHUNGEN?

**Für mich**                          **Wann?**

**Für andere**

**Für die Umwelt**

Für Inspirationen siehe Seite 28–31

**Was wird herausfordernd diese Woche?**

**Was kann ich aktiv tun?**

**Worauf freue ich mich diese Woche?**

**Wofür bin ich dankbar?**

## WAS MÖCHTE ICH JEDEN TAG TUN?

Ich .......................................... jeden Tag .......................................... ,

weil ..............................................................................................

o Mo    o Di    o Mi    o Do    o Fr    o Sa    o So

*Zitat*

„Unvollkommenheit bedeutet Schönheit, Wahnsinn ist Genialität, und es ist besser absolut lächerlich zu sein als absolut öde."

MARILYN MONROE

# Übung: Viparita Karani

Wenn du müde bist oder keine Energie hast, dann leg die Beine an der Wand hoch und lass die Welt mal andersrum sein. Diese Haltung heißt im Yoga „Viparita Karani".

*Woche* .........................................................

# Mantra / Intention
## für die Woche

..............................................................

..............................................................

o Selbstbewusstsein    o Hingabe    o Entspannung

o positive Energie    o Ruhe    o

o Kraft und Stärke    o Erdung    o

## WAS TUE ICH DIESE WOCHE FÜR DIE 3 BEZIEHUNGEN?

**Für mich**                      **Wann?**

**Für andere**

**Für die Umwelt**

Für Inspirationen siehe Seite 28–31

Was wird herausfordernd diese Woche?    Was kann ich aktiv tun?

Worauf freue ich mich diese Woche?    Wofür bin ich dankbar?

## WAS MÖCHTE ICH JEDEN TAG TUN?

Ich .................................... jeden Tag ...................................... ,

weil ............................................................................................

o Mo     o Di     o Mi     o Do     o Fr     o Sa     o So

*Was hast du als Kind gerne getan,
was du heute nicht mehr machst?*

*Woche* ............................................................

## *Mantra / Intention*
### für die Woche

............................................................

............................................................

## FOKUS DER WOCHE

o Selbstbewusstsein     o Hingabe     o Entspannung

o positive Energie     o Ruhe     o

o Kraft und Stärke     o Erdung     o

## WAS TUE ICH DIESE WOCHE FÜR DIE 3 BEZIEHUNGEN?

Für mich                           Wann?

Für andere

Für die Umwelt

Für Inspirationen siehe Seite 28–31

**Was wird herausfordernd diese Woche?**

**Was kann ich aktiv tun?**

**Worauf freue ich mich diese Woche?**

**Wofür bin ich dankbar?**

## WAS MÖCHTE ICH JEDEN TAG TUN?

Ich .......................................... jeden Tag ................................................ ,

weil ...........................................................................................................

○ Mo    ○ Di    ○ Mi    ○ Do    ○ Fr    ○ Sa    ○ So

*Aufgabe*

Schreibe eine Liste an Dingen, die du an dir magst. Dafür findest du auf Seite 31 Platz. Ergänze immer wieder etwas, was dir einfällt. Es ist oft sehr einfach zu sagen, was man an sich ändern würde, anstatt die Dinge zu sehen, die wundervoll sind.

# Woche .................................................

## *Mantra / Intention*
### für die Woche

................................................................

................................................................

## FOKUS DER WOCHE

o Selbstbewusstsein  o Hingabe  o Entspannung

o positive Energie  o Ruhe  o

o Kraft und Stärke  o Erdung  o

## WAS TUE ICH DIESE WOCHE FÜR DIE 3 BEZIEHUNGEN?

Für mich  Wann?

Für andere

Für die Umwelt

Für Inspirationen siehe Seite 28–31

Was wird herausfordernd diese Woche?     Was kann ich aktiv tun?

Worauf freue ich mich diese Woche?     Wofür bin ich dankbar?

## WAS MÖCHTE ICH JEDEN TAG TUN?

Ich .................................................... jeden Tag .................................................... ,

weil ....................................................................................................................

○ Mo     ○ Di     ○ Mi     ○ Do     ○ Fr     ○ Sa     ○ So

*Meditation*

Zähle deinen Atem in der Meditation: ein–aus 1, ein–aus 2, ein–aus 3 … Zähle bis 12 und beginne dann wieder von vorne. Wenn du mal nicht mehr weißt, wo du gerade warst, beginne erneut. Dann warst du mit den Gedanken woanders. Eine schöne Übung für Konzentration und Präsenz.

*Woche* ........................................................

## Mantra / Intention
für die Woche

........................................................

........................................................

## FOKUS DER WOCHE

- ○ Selbstbewusstsein
- ○ positive Energie
- ○ Kraft und Stärke

- ○ Hingabe
- ○ Ruhe
- ○ Erdung

- ○ Entspannung
- ○
- ○

## WAS TUE ICH DIESE WOCHE FÜR DIE 3 BEZIEHUNGEN?

Für mich                    Wann?

Für andere

Für die Umwelt

Für Inspirationen siehe Seite 28–31

Was wird herausfordernd diese Woche?     Was kann ich aktiv tun?

Worauf freue ich mich diese Woche?       Wofür bin ich dankbar?

## WAS MÖCHTE ICH JEDEN TAG TUN?

Ich .................................... jeden Tag ...................................... ,

weil ...........................................................................................................

○ Mo      ○ Di      ○ Mi      ○ Do      ○ Fr      ○ Sa      ○ So

*Aufgabe*

**SÄULEN DER GESUNDHEIT**
Konzentriere dich diese Woche auf deinen Flüssigkeitshaushalt.
Versuche 2–3 Liter am Tag zu trinken, am besten Wasser und
ungesüßten Tee.

# Zeit für Reflexion

# Wenn Zeit und Geld keine Rolle spielen würden, was würdest du tun?

# *Woche* ....................................

## *Mantra / Intention*
### für die Woche

....................................................

....................................................

## FOKUS DER WOCHE

○ Selbstbewusstsein    ○ Hingabe    ○ Entspannung

○ positive Energie    ○ Ruhe    ○

○ Kraft und Stärke    ○ Erdung    ○

## WAS TUE ICH DIESE WOCHE FÜR DIE 3 BEZIEHUNGEN?

**Für mich**                    **Wann?**

**Für andere**

**Für die Umwelt**

Für Inspirationen siehe Seite 28–31

**Was wird herausfordernd diese Woche?**   **Was kann ich aktiv tun?**

**Worauf freue ich mich diese Woche?**   **Wofür bin ich dankbar?**

## WAS MÖCHTE ICH JEDEN TAG TUN?

Ich .................................................... jeden Tag ...................................................... ,

weil ....................................................................................................................

o Mo   o Di   o Mi   o Do   o Fr   o Sa   o So

## Inspiration

Im Yoga gibt es Dos and Don'ts. Eines der wichtigsten ist „Ahimsa" –
keine Gewalt. Beobachte in deinem Kopf, deinen Worten und Taten,
wo du gegen dich gewaltvoll bist. Das können zum Beispiel bewer-
tende, herabsetzende Gedanken sein, ein unfreundlicher Ton oder
nicht auf deine Gesundheit zu achten. Mehr dazu auf Seite 18.

## Woche .....................................

## Mantra / Intention
### für die Woche

.............................................................

.............................................................

## FOKUS DER WOCHE

○ Selbstbewusstsein  ○ Hingabe  ○ Entspannung

○ positive Energie  ○ Ruhe  ○

○ Kraft und Stärke  ○ Erdung  ○

## WAS TUE ICH DIESE WOCHE FÜR DIE 3 BEZIEHUNGEN?

Für mich                                    Wann?

Für andere

Für die Umwelt

Für Inspirationen siehe Seite 28–31

**Was wird herausfordernd diese Woche?**

. . . . . . . . . . . . . . . . . .
. . . . . . . . . . . . . . . . . .
. . . . . . . . . . . . . . . . . .
. . . . . . . . . . . . . . . . . .
. . . . . . . . . . . . . . . . . .

**Was kann ich aktiv tun?**

. . . . . . . . . . . . . . . . . .
. . . . . . . . . . . . . . . . . .
. . . . . . . . . . . . . . . . . .
. . . . . . . . . . . . . . . . . .
. . . . . . . . . . . . . . . . . .

**Worauf freue ich mich diese Woche?**

. . . . . . . . . . . . . . . . . .
. . . . . . . . . . . . . . . . . .
. . . . . . . . . . . . . . . . . .
. . . . . . . . . . . . . . . . . .
. . . . . . . . . . . . . . . . . .

**Wofür bin ich dankbar?**

. . . . . . . . . . . . . . . . . .
. . . . . . . . . . . . . . . . . .
. . . . . . . . . . . . . . . . . .
. . . . . . . . . . . . . . . . . .
. . . . . . . . . . . . . . . . . .

## WAS MÖCHTE ICH JEDEN TAG TUN?

Ich ..................................... jeden Tag ..................................... ,

weil .........................................................................................

o Mo    o Di    o Mi    o Do    o Fr    o Sa    o So

Zitat

„Denke immer daran: Ohne deine Zustimmung kann dir niemand
das Gefühl geben, minderwertig zu sein."

ELEANOR ROOSEVELT

## *Woche* ......................................................

### *Mantra / Intention*
#### für die Woche

...................................................................................

...................................................................................

### FOKUS DER WOCHE

o Selbstbewusstsein      o Hingabe      o Entspannung

o positive Energie       o Ruhe         o

o Kraft und Stärke       o Erdung       o

### WAS TUE ICH DIESE WOCHE FÜR DIE 3 BEZIEHUNGEN?

**Für mich**                          **Wann?**

**Für andere**

**Für die Umwelt**

Für Inspirationen siehe Seite 28–31

**Was wird herausfordernd diese Woche?**

**Was kann ich aktiv tun?**

**Worauf freue ich mich diese Woche?**

**Wofür bin ich dankbar?**

## WAS MÖCHTE ICH JEDEN TAG TUN?

Ich .................................................... jeden Tag .................................................... ,

weil ....................................................................................................................

o Mo     o Di     o Mi     o Do     o Fr     o Sa     o So

*Meditation*

Nutze das Mantra „karuna ham" für mehr Mitgefühl für dich und andere in deiner Meditation.

## Woche .........................................

# Mantra / Intention
### für die Woche

..................................................................

..................................................................

## FOKUS DER WOCHE

○ Selbstbewusstsein        ○ Hingabe              ○ Entspannung

○ positive Energie         ○ Ruhe                ○

○ Kraft und Stärke         ○ Erdung              ○

## WAS TUE ICH DIESE WOCHE FÜR DIE 3 BEZIEHUNGEN?

**Für mich**                          **Wann?**

**Für andere**

**Für die Umwelt**

Für Inspirationen siehe Seite 28–31

**Was wird herausfordernd diese Woche?**   **Was kann ich aktiv tun?**

**Worauf freue ich mich diese Woche?**   **Wofür bin ich dankbar?**

## WAS MÖCHTE ICH JEDEN TAG TUN?

Ich ........................................... jeden Tag ........................................... ,

weil ...................................................................................................

○ Mo   ○ Di   ○ Mi   ○ Do   ○ Fr   ○ Sa   ○ So

*Aufgabe*

Spende Geld an eine Organisation.
Meine Lieblingsorganisationen sind *Cool Earth* zur Rettung
des Regenwaldes, *Earth Child Project* in Südafrika und *TuaRes*
in Burkina Faso.

# Übung: Balasana

**Balasana – das Kind.** Diese Haltung dient im Yoga zur Erdung, Entspannung und als Ruhepol zu jeder Zeit in der Stunde. Fühle die beruhigende Wirkung: Komme in das Kind, lege die Stirn auf dem Boden ab und atme 10 Mal entspannt in den Bauch.

*Woche* ...............................................................

# *Mantra / Intention*
## für die Woche

..............................................................................

..............................................................................

## FOKUS DER WOCHE

o  Selbstbewusstsein       o  Hingabe          o  Entspannung

o  positive Energie        o  Ruhe             o

o  Kraft und Stärke        o  Erdung           o

## WAS TUE ICH DIESE WOCHE FÜR DIE 3 BEZIEHUNGEN?

**Für mich**                        Wann?

**Für andere**

**Für die Umwelt**

Für Inspirationen siehe Seite 28–31

Was wird herausfordernd diese Woche?     Was kann ich aktiv tun?

Worauf freue ich mich diese Woche?     Wofür bin ich dankbar?

## WAS MÖCHTE ICH JEDEN TAG TUN?

Ich ........................................... jeden Tag ..........................................................,

weil ............................................................................................................

○ Mo     ○ Di     ○ Mi     ○ Do     ○ Fr     ○ Sa     ○ So

Welche Qualitäten sind dir an anderen
Menschen wichtig?

*Woche* ......................................................

# *Mantra / Intention*
## für die Woche

..............................................................

..............................................................

## FOKUS DER WOCHE

o Selbstbewusstsein    o Hingabe    o Entspannung

o positive Energie    o Ruhe    o

o Kraft und Stärke    o Erdung    o

## WAS TUE ICH DIESE WOCHE FÜR DIE 3 BEZIEHUNGEN?

**Für mich**                      **Wann?**

**Für andere**

**Für die Umwelt**

Für Inspirationen siehe Seite 28–31

Was wird herausfordernd diese Woche?     Was kann ich aktiv tun?

Worauf freue ich mich diese Woche?     Wofür bin ich dankbar?

## WAS MÖCHTE ICH JEDEN TAG TUN?

Ich ............................................. jeden Tag ............................................. ,

weil .................................................................................................................

○ Mo     ○ Di     ○ Mi     ○ Do     ○ Fr     ○ Sa     ○ So

*Zitat*

„Gesundheit ist das größte Geschenk, Zufriedenheit der größte
Reichtum und Treue die beste Beziehung."

BUDDHA

## Woche ................................................

## Mantra / Intention
### für die Woche

................................................

................................................

### FOKUS DER WOCHE

o Selbstbewusstsein     o Hingabe        o Entspannung

o positive Energie      o Ruhe           o

o Kraft und Stärke      o Erdung         o

### WAS TUE ICH DIESE WOCHE FÜR DIE 3 BEZIEHUNGEN?

**Für mich**                    **Wann?**

**Für andere**

**Für die Umwelt**

Für Inspirationen siehe Seite 28–31

**Was wird herausfordernd diese Woche?**

**Was kann ich aktiv tun?**

**Worauf freue ich mich diese Woche?**

**Wofür bin ich dankbar?**

## WAS MÖCHTE ICH JEDEN TAG TUN?

Ich .................................................... jeden Tag .................................................... ,

weil ....................................................................................................................

○ Mo    ○ Di    ○ Mi    ○ Do    ○ Fr    ○ Sa    ○ So

*Aufgabe*

**SÄULEN DER GESUNDHEIT**
Konzentriere dich auf deine Bewegung. Nimm dir jeden Tag
20–60 Minuten Zeit für etwas Sportliches: Yoga, Spazieren,
Workout, Joggen ...

*Woche* ..................................................

# Mantra / Intention
## für die Woche

..................................................

..................................................

## FOKUS DER WOCHE

- ○ Selbstbewusstsein
- ○ positive Energie
- ○ Kraft und Stärke

- ○ Hingabe
- ○ Ruhe
- ○ Erdung

- ○ Entspannung
- ○
- ○

## WAS TUE ICH DIESE WOCHE FÜR DIE 3 BEZIEHUNGEN?

**Für mich**

**Wann?**

**Für andere**

**Für die Umwelt**

Für Inspirationen siehe Seite 28–31

Was wird herausfordernd diese Woche?     Was kann ich aktiv tun?

. . . . . . . . . . . .          . . . . . . . . . . . .
. . . . . . . . . . . .          . . . . . . . . . . . .
. . . . . . . . . . . .          . . . . . . . . . . . .
. . . . . . . . . . . .          . . . . . . . . . . . .
. . . . . . . . . . . .          . . . . . . . . . . . .

Worauf freue ich mich diese Woche?     Wofür bin ich dankbar?

. . . . . . . . . . . .          . . . . . . . . . . . .
. . . . . . . . . . . .          . . . . . . . . . . . .
. . . . . . . . . . . .          . . . . . . . . . . . .
. . . . . . . . . . . .          . . . . . . . . . . . .
. . . . . . . . . . . .          . . . . . . . . . . . .

## WAS MÖCHTE ICH JEDEN TAG TUN?

Ich ..................................... jeden Tag ..................................... ,

weil .........................................................................................................

o Mo     o Di     o Mi     o Do     o Fr     o Sa     o So

*Zitat*

„Trotz allem glaube ich an das Gute im Menschen."

ANNE FRANK

# Zeit für Reflexion

# Welche Dinge geben dir Kraft und welche Dinge nehmen dir Energie?

*Woche* ...........................................................

## Mantra/Intention
### für die Woche

...........................................................

...........................................................

### FOKUS DER WOCHE

o Selbstbewusstsein    o Hingabe    o Entspannung

o positive Energie    o Ruhe    o

o Kraft und Stärke    o Erdung    o

### WAS TUE ICH DIESE WOCHE FÜR DIE 3 BEZIEHUNGEN?

Für mich              Wann?

Für andere

Für die Umwelt

Für Inspirationen siehe Seite 28–31

**Was wird herausfordernd diese Woche?**  **Was kann ich aktiv tun?**

**Worauf freue ich mich diese Woche?**  **Wofür bin ich dankbar?**

## WAS MÖCHTE ICH JEDEN TAG TUN?

Ich ........................................ jeden Tag ........................................ ,

weil ..................................................................................................

○ Mo    ○ Di    ○ Mi    ○ Do    ○ Fr    ○ Sa    ○ So

*Inspiration*

Hummeln sollten eigentlich nicht fliegen können, da sie für ihre kleinen Flügel zu dick sind. Das wissen sie nur nicht, fliegen deswegen trotzdem und summen fröhlich vor sich hin.

*Woche* ..............................................................

# *Mantra / Intention*
## für die Woche

..............................................................

..............................................................

## FOKUS DER WOCHE

o Selbstbewusstsein     o Hingabe     o Entspannung

o positive Energie     o Ruhe     o

o Kraft und Stärke     o Erdung     o

## WAS TUE ICH DIESE WOCHE FÜR DIE 3 BEZIEHUNGEN?

**Für mich**                     **Wann?**

**Für andere**

**Für die Umwelt**

Für Inspirationen siehe Seite 28–31

Was wird herausfordernd diese Woche?     Was kann ich aktiv tun?

Worauf freue ich mich diese Woche?     Wofür bin ich dankbar?

## WAS MÖCHTE ICH JEDEN TAG TUN?

Ich .......................................... jeden Tag ............................................................ ,

weil ..........................................................................................................................

○ Mo     ○ Di     ○ Mi     ○ Do     ○ Fr     ○ Sa     ○ So

*Zitat*

„Die Welt hat genug für jedermanns Bedürfnisse, aber nicht
für jedermanns Gier. Man soll weder annehmen noch besitzen,
was man nicht wirklich braucht."

MAHATMA GANDHI

**Woche** ...................................................

# Mantra / Intention
### für die Woche

.............................................................................

.............................................................................

## FOKUS DER WOCHE

○ Selbstbewusstsein     ○ Hingabe          ○ Entspannung

○ positive Energie      ○ Ruhe             ○

○ Kraft und Stärke      ○ Erdung           ○

## WAS TUE ICH DIESE WOCHE FÜR DIE 3 BEZIEHUNGEN?

**Für mich**                           **Wann?**

**Für andere**

**Für die Umwelt**

Für Inspirationen siehe Seite 28–31

## Was wird herausfordernd diese Woche?

## Was kann ich aktiv tun?

## Worauf freue ich mich diese Woche?

## Wofür bin ich dankbar?

Ich .................................................. jeden Tag .................................................. ,

weil ..................................................................................................................

o Mo     o Di     o Mi     o Do     o Fr     o Sa     o So

*Aufgabe*

Wenn du etwas Großes vorhast oder Mut brauchst, stelle dich vor den Spiegel und sage laut: „You got this!" Das ist ganz einfach, wirkt aber Wunder.

*Woche* ..................................................

## *Mantra / Intention*
### für die Woche

..........................................................................

..........................................................................

## FOKUS DER WOCHE

o Selbstbewusstsein     o Hingabe     o Entspannung

o positive Energie     o Ruhe     o

o Kraft und Stärke     o Erdung     o

## WAS TUE ICH DIESE WOCHE FÜR DIE 3 BEZIEHUNGEN?

**Für mich**                 **Wann?**

**Für andere**

**Für die Umwelt**

Für Inspirationen siehe Seite 28–31

Was wird herausfordernd diese Woche?      Was kann ich aktiv tun?

Worauf freue ich mich diese Woche?      Wofür bin ich dankbar?

## WAS MÖCHTE ICH JEDEN TAG TUN?

Ich ........................................ jeden Tag ................................................ ,

weil ................................................................................................................

○ Mo      ○ Di      ○ Mi      ○ Do      ○ Fr      ○ Sa      ○ So

*Aufgabe*

**SÄULEN DER GESUNDHEIT**

Konzentriere dich auf deine Ernährung. Lasse diese Woche ungesundes Essen so gut wie möglich weg: kein industrieller Zucker, kein Fast Food, viel Gemüse und frisches Obst. Ausgewogen und regelmäßig. Baue mehr vegetarische und vegane Gerichte ein.

## Woche ..................................................

*Mantra / Intention*
für die Woche

..................................................
..................................................

### FOKUS DER WOCHE

o Selbstbewusstsein    o Hingabe    o Entspannung

o positive Energie    o Ruhe    o

o Kraft und Stärke    o Erdung    o

### WAS TUE ICH DIESE WOCHE FÜR DIE 3 BEZIEHUNGEN?

**Für mich**                    **Wann?**

**Für andere**

**Für die Umwelt**

Für Inspirationen siehe Seite 28–31

**Was wird herausfordernd diese Woche?**

**Was kann ich aktiv tun?**

**Worauf freue ich mich diese Woche?**

**Wofür bin ich dankbar?**

## WAS MÖCHTE ICH JEDEN TAG TUN?

Ich ........................................... jeden Tag ........................................... ,

weil ...................................................................................................

o Mo      o Di      o Mi      o Do      o Fr      o Sa      o So

*Aufgabe*

Kaufe dir einen schönen Wecker und verbanne dein Handy
aus dem Schlafzimmer.

# Zeit für Reflexion

Was hast du aus den letzten Wochen gelernt?
Was hast du Neues erfahren?

*Woche* ........................................................

## Mantra / Intention
### für die Woche

........................................................

........................................................

## FOKUS DER WOCHE

○ Selbstbewusstsein    ○ Hingabe    ○ Entspannung

○ positive Energie    ○ Ruhe    ○

○ Kraft und Stärke    ○ Erdung    ○

## WAS TUE ICH DIESE WOCHE FÜR DIE 3 BEZIEHUNGEN?

**Für mich**    Wann?

**Für andere**

**Für die Umwelt**

Für Inspirationen siehe Seite 28–31

**Was wird herausfordernd diese Woche?**     **Was kann ich aktiv tun?**

**Worauf freue ich mich diese Woche?**     **Wofür bin ich dankbar?**

## WAS MÖCHTE ICH JEDEN TAG TUN?

Ich .................................... jeden Tag ...................................... ,

weil ....................................................................................

○ Mo     ○ Di     ○ Mi     ○ Do     ○ Fr     ○ Sa     ○ So

*Inspiration*

Wusstest du, dass Studien beweisen, dass wir langanhaltend glücklich sind, wenn wir für andere Menschen da sind? Mehr dazu findest du auf Seite 8.

## Woche .............................................

# Mantra / Intention
### für die Woche

..........................................................

..........................................................

## FOKUS DER WOCHE

o Selbstbewusstsein    o Hingabe    o Entspannung

o positive Energie     o Ruhe       o

o Kraft und Stärke     o Erdung      o

## WAS TUE ICH DIESE WOCHE FÜR DIE 3 BEZIEHUNGEN?

**Für mich**                **Wann?**

**Für andere**

**Für die Umwelt**

Für Inspirationen siehe Seite 28–31

Was wird herausfordernd diese Woche?     Was kann ich aktiv tun?

Worauf freue ich mich diese Woche?     Wofür bin ich dankbar?

## WAS MÖCHTE ICH JEDEN TAG TUN?

Ich ............................................. jeden Tag ............................................................ ,

weil ..............................................................................................................................

o Mo     o Di     o Mi     o Do     o Fr     o Sa     o So

### Zitat

„Die beste Art sich selbst zu finden, ist, sich im Dienst
für andere zu vergessen."

MAHATMA GANDHI

**Woche** ....................................................................

## Mantra / Intention
### für die Woche

..........................................................................................

..........................................................................................

### FOKUS DER WOCHE

○ Selbstbewusstsein      ○ Hingabe      ○ Entspannung

○ positive Energie      ○ Ruhe      ○

○ Kraft und Stärke      ○ Erdung      ○

### WAS TUE ICH DIESE WOCHE FÜR DIE 3 BEZIEHUNGEN?

**Für mich**                    **Wann?**

**Für andere**

**Für die Umwelt**

Für Inspirationen siehe Seite 28–31

Was wird herausfordernd diese Woche?    Was kann ich aktiv tun?

Worauf freue ich mich diese Woche?    Wofür bin ich dankbar?

## WAS MÖCHTE ICH JEDEN TAG TUN?

Ich ........................................ jeden Tag ........................................ ,

weil ..............................................................................................................

o Mo    o Di    o Mi    o Do    o Fr    o Sa    o So

*Aufgabe*

Mach dein Lieblingslied an und tanze wild darauf. Mein Go-to ist „I will survive" von Gloria Gaynor.

## Woche ........................................

*Mantra/Intention*
für die Woche

........................................

........................................

### FOKUS DER WOCHE

o Selbstbewusstsein    o Hingabe    o Entspannung

o positive Energie    o Ruhe    o

o Kraft und Stärke    o Erdung    o

### WAS TUE ICH DIESE WOCHE FÜR DIE 3 BEZIEHUNGEN?

**Für mich**                  **Wann?**

**Für andere**

**Für die Umwelt**

Für Inspirationen siehe Seite 28–31

**Was wird herausfordernd diese Woche?**

· · · · · · · · · ·

· · · · · · · · · ·

· · · · · · · · · ·

· · · · · · · · · ·

**Was kann ich aktiv tun?**

· · · · · · · · · ·

· · · · · · · · · ·

· · · · · · · · · ·

· · · · · · · · · ·

**Worauf freue ich mich diese Woche?**

· · · · · · · · · ·

· · · · · · · · · ·

· · · · · · · · · ·

· · · · · · · · · ·

**Wofür bin ich dankbar?**

· · · · · · · · · ·

· · · · · · · · · ·

· · · · · · · · · ·

· · · · · · · · · ·

## WAS MÖCHTE ICH JEDEN TAG TUN?

Ich ......................................... jeden Tag ........................................... ,

weil ...........................................................................................................

○ Mo    ○ Di    ○ Mi    ○ Do    ○ Fr    ○ Sa    ○ So

*Was fühlt sich authentisch an, wenn du es tust?*

·········································································

·········································································

·········································································

# Übung: Sonnengruß

**1. Tadasana/Berghaltung**
Ausatmung

**2. Urdva Hastasana/
Gestreckter Berg**
Einatmung

**3. Uttanasana/
Vorwärtsbeuge**
Ausatmung

**4. Anjaneyasana/
Ausfallschritt**
Einatmung

**5. Adho Mukha Svanasana/
Herabschauender Hund**
Ausatmung

**6. Kumbhakasana/
Planke**
Einatmung

**7. Chaturanga/
Liegestütz**
Ausatmung

**8. Urdhva Mukha Svanasana/**
**Herausschauender Hund**
Einatmung

**9. Adho Mukha Svanasana/**
**Herabschauender Hund**
Ausatmung

**10. Anjaneyasana/**
**Ausfallschritt**
Einatmung

**11. Uttanasana/Vorwärtsbeuge**
Ausatmung

**12. Urdva Hastasana/**
**Gestreckter Berg**
Einatmung

**13. Tadasana/Berghaltung**
Ausatmung

*Woche* ........................................................

# Mantra / Intention
## für die Woche

........................................................

........................................................

## FOKUS DER WOCHE

o Selbstbewusstsein   o Hingabe   o Entspannung

o positive Energie   o Ruhe   o

o Kraft und Stärke   o Erdung   o

## WAS TUE ICH DIESE WOCHE FÜR DIE 3 BEZIEHUNGEN?

**Für mich**                    **Wann?**

**Für andere**

**Für die Umwelt**

Für Inspirationen siehe Seite 28–31

Was wird herausfordernd diese Woche?　　Was kann ich aktiv tun?

Worauf freue ich mich diese Woche?　　Wofür bin ich dankbar?

## WAS MÖCHTE ICH JEDEN TAG TUN?

Ich .................................................... jeden Tag ...................................................... ,

weil ...........................................................................................................................

○ Mo　　○ Di　　○ Mi　　○ Do　　○ Fr　　○ Sa　　○ So

*Aufgabe*

**SÄULEN DER GESUNDHEIT**
Konzentriere dich auf deinen Schlaf. Versuche 30 Minuten vor
dem Schlafengehen nicht mehr auf dein Handy zu schauen. Gehe
vor Mitternacht ins Bett und schlafe 7–9 Stunden pro Nacht.

# Woche .....................................

## Mantra / Intention
### für die Woche

.......................................................

.......................................................

## FOKUS DER WOCHE

| | | |
|---|---|---|
| o Selbstbewusstsein | o Hingabe | o Entspannung |
| o positive Energie | o Ruhe | o |
| o Kraft und Stärke | o Erdung | o |

## WAS TUE ICH DIESE WOCHE FÜR DIE 3 BEZIEHUNGEN?

**Für mich**                    Wann?

**Für andere**

**Für die Umwelt**

Für Inspirationen siehe Seite 28–31

Was wird herausfordernd diese Woche?      Was kann ich aktiv tun?

Worauf freue ich mich diese Woche?      Wofür bin ich dankbar?

## WAS MÖCHTE ICH JEDEN TAG TUN?

Ich ........................................... jeden Tag ........................................... ,

weil ...........................................

○ Mo      ○ Di      ○ Mi      ○ Do      ○ Fr      ○ Sa      ○ So

*Zitat*

„Was du tust, macht einen Unterschied, und du musst entscheiden, welche Art von Unterschied du machen möchtest."

JANE GOODALL

*Woche* ........................................................

## Mantra / Intention
für die Woche

........................................................

........................................................

### FOKUS DER WOCHE

- ○ Selbstbewusstsein
- ○ positive Energie
- ○ Kraft und Stärke

- ○ Hingabe
- ○ Ruhe
- ○ Erdung

- ○ Entspannung
- ○
- ○

### WAS TUE ICH DIESE WOCHE FÜR DIE 3 BEZIEHUNGEN?

**Für mich**                    **Wann?**

**Für andere**

**Für die Umwelt**

Für Inspirationen siehe Seite 28–31

**Was wird herausfordernd diese Woche?**

. . . . . . . . . . . . . . . .
. . . . . . . . . . . . . . . .
. . . . . . . . . . . . . . . .
. . . . . . . . . . . . . . . .
. . . . . . . . . . . . . . . .
. . . . . . . . . . . . . . . .

**Was kann ich aktiv tun?**

. . . . . . . . . . . . . . . .
. . . . . . . . . . . . . . . .
. . . . . . . . . . . . . . . .
. . . . . . . . . . . . . . . .
. . . . . . . . . . . . . . . .
. . . . . . . . . . . . . . . .

**Worauf freue ich mich diese Woche?**

. . . . . . . . . . . . . . . .
. . . . . . . . . . . . . . . .
. . . . . . . . . . . . . . . .
. . . . . . . . . . . . . . . .
. . . . . . . . . . . . . . . .

**Wofür bin ich dankbar?**

. . . . . . . . . . . . . . . .
. . . . . . . . . . . . . . . .
. . . . . . . . . . . . . . . .
. . . . . . . . . . . . . . . .
. . . . . . . . . . . . . . . .

## WAS MÖCHTE ICH JEDEN TAG TUN?

Ich ............................................ jeden Tag .................................................... ,

weil ...............................................................................................................................

o Mo    o Di    o Mi    o Do    o Fr    o Sa    o So

*Inspiration*

Wusstest du, dass man am besten drei Stunden vor dem Schlafengehen nicht mehr essen sollte, damit der Körper auch wirklich gut verdauen kann?

# *Woche* ......................................................

## *Mantra / Intention*
### für die Woche

.............................................................................

.............................................................................

## FOKUS DER WOCHE

| | | |
|---|---|---|
| o Selbstbewusstsein | o Hingabe | o Entspannung |
| o positive Energie | o Ruhe | o |
| o Kraft und Stärke | o Erdung | o |

## WAS TUE ICH DIESE WOCHE FÜR DIE 3 BEZIEHUNGEN?

**Für mich**                                    **Wann?**

**Für andere**

**Für die Umwelt**

Für Inspirationen siehe Seite 28–31

**Was wird herausfordernd diese Woche?**  **Was kann ich aktiv tun?**

**Worauf freue ich mich diese Woche?**  **Wofür bin ich dankbar?**

## WAS MÖCHTE ICH JEDEN TAG TUN?

Ich .................................................... jeden Tag ..................................................... ,

weil ......................................................................................................................

○ Mo    ○ Di    ○ Mi    ○ Do    ○ Fr    ○ Sa    ○ So

### Meditation

Manchmal ist Sitzen unerträglich und wir machen es sowieso den ganzen Tag. Mache für 5–10 Minuten eine Moving Meditation. Schalte entspannte Musik an und wiederhole eine einfache Bewegung mit dem Atem, z. B. sanftes Rückwärtskraulen im Stehen. Oder hebe die Arme mit den Handflächen nach oben mit der Einatmung vom Becken zur Brust und mit der Ausatmung mit den Handflächen nach unten wieder zum Becken.

# Zeit für Reflexion

Schreibe hier Schlagwörter, Qualitäten und Werte auf, die du als positiv empfindest.

# Woche

......................................................

## Mantra / Intention
für die Woche

......................................................

......................................................

## FOKUS DER WOCHE

○ Selbstbewusstsein     ○ Hingabe            ○ Entspannung

○ positive Energie      ○ Ruhe              ○

○ Kraft und Stärke      ○ Erdung            ○

## WAS TUE ICH DIESE WOCHE FÜR DIE 3 BEZIEHUNGEN?

Für mich                        Wann?

Für andere

Für die Umwelt

Für Inspirationen siehe Seite 28–31

**Was wird herausfordernd diese Woche?**

**Was kann ich aktiv tun?**

**Worauf freue ich mich diese Woche?**

**Wofür bin ich dankbar?**

## WAS MÖCHTE ICH JEDEN TAG TUN?

Ich .......................................... jeden Tag .......................................... ,

weil ..........................................................................................................

○ Mo    ○ Di    ○ Mi    ○ Do    ○ Fr    ○ Sa    ○ So

*Wie fühlt es sich an, wenn du kurz innehältst und dir erlaubst, nur zu sein?*

## Woche ............................................................

# Mantra / Intention
### für die Woche

..........................................................................

..........................................................................

## FOKUS DER WOCHE

- ○ Selbstbewusstsein
- ○ positive Energie
- ○ Kraft und Stärke

- ○ Hingabe
- ○ Ruhe
- ○ Erdung

- ○ Entspannung
- ○
- ○

## WAS TUE ICH DIESE WOCHE FÜR DIE 3 BEZIEHUNGEN?

**Für mich**                                        **Wann?**

**Für andere**

**Für die Umwelt**

Für Inspirationen siehe Seite 28–31

**Was wird herausfordernd diese Woche?**

. . . . . . . . . . . . . .

. . . . . . . . . . . . . .

. . . . . . . . . . . . . .

. . . . . . . . . . . . . .

. . . . . . . . . . . . . .

**Was kann ich aktiv tun?**

. . . . . . . . . . . . . .

. . . . . . . . . . . . . .

. . . . . . . . . . . . . .

. . . . . . . . . . . . . .

. . . . . . . . . . . . . .

**Worauf freue ich mich diese Woche?**

. . . . . . . . . . . . . .

. . . . . . . . . . . . . .

. . . . . . . . . . . . . .

. . . . . . . . . . . . . .

. . . . . . . . . . . . . .

**Wofür bin ich dankbar?**

. . . . . . . . . . . . . .

. . . . . . . . . . . . . .

. . . . . . . . . . . . . .

. . . . . . . . . . . . . .

. . . . . . . . . . . . . .

## WAS MÖCHTE ICH JEDEN TAG TUN?

Ich ............................... jeden Tag ........................................ ,

weil .....................................................................................

○ Mo    ○ Di    ○ Mi    ○ Do    ○ Fr    ○ Sa    ○ So

*Übung*

Let's twist it! Setze dich in einen bequemen Sitz deiner Wahl und drehe deinen Oberkörper mit langer Wirbelsäule je 3–5 Atemzüge lang in die eine und dann die andere Richtung. Das vitalisiert deinen Körper und massiert die Organe.

_Woche_ .............................................

## _Mantra / Intention_
### für die Woche

.............................................................

.............................................................

## FOKUS DER WOCHE

o Selbstbewusstsein    o Hingabe     o Entspannung

o positive Energie      o Ruhe       o

o Kraft und Stärke     o Erdung     o

## WAS TUE ICH DIESE WOCHE FÜR DIE 3 BEZIEHUNGEN?

**Für mich**                               **Wann?**

**Für andere**

**Für die Umwelt**

Für Inspirationen siehe Seite 28–31

**Was wird herausfordernd diese Woche?**

. . . . . . . . . . . . . . . .
. . . . . . . . . . . . . . . .
. . . . . . . . . . . . . . . .
. . . . . . . . . . . . . . . .
. . . . . . . . . . . . . . . .

**Was kann ich aktiv tun?**

. . . . . . . . . . . . . . . .
. . . . . . . . . . . . . . . .
. . . . . . . . . . . . . . . .
. . . . . . . . . . . . . . . .
. . . . . . . . . . . . . . . .

**Worauf freue ich mich diese Woche?**

. . . . . . . . . . . . . . . .
. . . . . . . . . . . . . . . .
. . . . . . . . . . . . . . . .
. . . . . . . . . . . . . . . .
. . . . . . . . . . . . . . . .

**Wofür bin ich dankbar?**

. . . . . . . . . . . . . . . .
. . . . . . . . . . . . . . . .
. . . . . . . . . . . . . . . .
. . . . . . . . . . . . . . . .
. . . . . . . . . . . . . . . .

## WAS MÖCHTE ICH JEDEN TAG TUN?

Ich ............................................... jeden Tag ............................................... ,

weil ...............................................................................................................

○ Mo    ○ Di    ○ Mi    ○ Do    ○ Fr    ○ Sa    ○ So

*Inspiration*

Wusstest du, dass es den yogischen Schlaf gibt? Yoga Nidra. Hier wird man 20–60 Minuten geleitet und soll regungslos auf dem Rücken liegen wie in Savasana, der Endentspannung bei einer Yoga-stunde. 20 Minuten Yoga Nidra sollen wie 2 Stunden Schlaf wirken.

## Woche ....................................

### Mantra / Intention
für die Woche

....................................................

....................................................

---

### FOKUS DER WOCHE

- ○ Selbstbewusstsein
- ○ positive Energie
- ○ Kraft und Stärke

- ○ Hingabe
- ○ Ruhe
- ○ Erdung

- ○ Entspannung
- ○
- ○

---

### WAS TUE ICH DIESE WOCHE FÜR DIE 3 BEZIEHUNGEN?

**Für mich**                                  **Wann?**

**Für andere**

**Für die Umwelt**

Für Inspirationen siehe Seite 28–31

**Was wird herausfordernd diese Woche?**

**Was kann ich aktiv tun?**

**Worauf freue ich mich diese Woche?**

**Wofür bin ich dankbar?**

## WAS MÖCHTE ICH JEDEN TAG TUN?

Ich .................................................. jeden Tag .................................................. ,

weil ..............................................................................................................

○ Mo    ○ Di    ○ Mi    ○ Do    ○ Fr    ○ Sa    ○ So

*Übung*

Atme 10 Mal maximal tief ein und ganz entspannt aus.
Besser als jeder Kaffee.

# Übung: Katze – Kuh

Bei Müdigkeit, Nackenbeschwerden, Rückenzwicken oder Ähnlichem mache 10 Atemzüge lang die Bewegung „Katze – Kuh". Mit der Einatmung machst du ein geführtes Hohlkreuz im Vierfüßlerstand und mit der Ausatmung einen Katzenbuckel.

# Woche ·····················································

## Mantra / Intention
### für die Woche

·······································································
·······································································

## FOKUS DER WOCHE

- ○ Selbstbewusstsein
- ○ positive Energie
- ○ Kraft und Stärke

- ○ Hingabe
- ○ Ruhe
- ○ Erdung

- ○ Entspannung
- ○
- ○

## WAS TUE ICH DIESE WOCHE FÜR DIE 3 BEZIEHUNGEN?

**Für mich**

**Wann?**

**Für andere**

**Für die Umwelt**

Für Inspirationen siehe Seite 28–31

**Was wird herausfordernd diese Woche?**   **Was kann ich aktiv tun?**

**Worauf freue ich mich diese Woche?**   **Wofür bin ich dankbar?**

## WAS MÖCHTE ICH JEDEN TAG TUN?

Ich ........................................ jeden Tag ........................................ ,

weil ................................................................................................

○ Mo    ○ Di    ○ Mi    ○ Do    ○ Fr    ○ Sa    ○ So

*Zitat*

„Es gibt nur zwei Tage im Jahr, an denen man nichts tun kann. Der eine ist Gestern, der andere Morgen. Dies bedeutet, dass heute der richtige Tag zum Lieben, Glauben und in erster Linie zum Leben ist."

DALAI LAMA

*Woche* ..........................................................

*Mantra / Intention*
für die Woche

..............................................................

..............................................................

..............................................................

## FOKUS DER WOCHE

○ Selbstbewusstsein    ○ Hingabe    ○ Entspannung

○ positive Energie    ○ Ruhe    ○

○ Kraft und Stärke    ○ Erdung    ○

## WAS TUE ICH DIESE WOCHE FÜR DIE 3 BEZIEHUNGEN?

**Für mich**    **Wann?**

**Für andere**

**Für die Umwelt**

Für Inspirationen siehe Seite 28–31

Was wird herausfordernd diese Woche?    Was kann ich aktiv tun?

Worauf freue ich mich diese Woche?    Wofür bin ich dankbar?

## WAS MÖCHTE ICH JEDEN TAG TUN?

Ich ................................................ jeden Tag ................................................ ,

weil ................................................................................................................

o Mo      o Di      o Mi      o Do      o Fr      o Sa      o So

*Worauf bist du stolz in deinem Leben?*

*Woche* ·······························································

## *Mantra / Intention*
### für die Woche

··········································································

··········································································

## FOKUS DER WOCHE

- ○ Selbstbewusstsein
- ○ positive Energie
- ○ Kraft und Stärke

- ○ Hingabe
- ○ Ruhe
- ○ Erdung

- ○ Entspannung
- ○
- ○

## WAS TUE ICH DIESE WOCHE FÜR DIE 3 BEZIEHUNGEN?

**Für mich**

**Wann?**

**Für andere**

**Für die Umwelt**

Für Inspirationen siehe Seite 28–31

**Was wird herausfordernd diese Woche?**

**Was kann ich aktiv tun?**

**Worauf freue ich mich diese Woche?**

**Wofür bin ich dankbar?**

## WAS MÖCHTE ICH JEDEN TAG TUN?

Ich .................................... jeden Tag .................................... ,

weil ........................................................................................

o Mo    o Di    o Mi    o Do    o Fr    o Sa    o So

*Zitat*

„You are perfect with room for improvement."

GWYN WILLIAMS

# Woche

## Mantra / Intention
### für die Woche

## FOKUS DER WOCHE

- ○ Selbstbewusstsein
- ○ positive Energie
- ○ Kraft und Stärke

- ○ Hingabe
- ○ Ruhe
- ○ Erdung

- ○ Entspannung
- ○
- ○

## WAS TUE ICH DIESE WOCHE FÜR DIE 3 BEZIEHUNGEN?

**Für mich**                    **Wann?**

**Für andere**

**Für die Umwelt**

Für Inspirationen siehe Seite 28–31

Was wird herausfordernd diese Woche?     Was kann ich aktiv tun?

Worauf freue ich mich diese Woche?     Wofür bin ich dankbar?

## WAS MÖCHTE ICH JEDEN TAG TUN?

Ich ............................................. jeden Tag ............................................................. ,

weil .........................................................................................................................

o Mo     o Di     o Mi     o Do     o Fr     o Sa     o So

### Aufgabe

Schreibe eine Liste von Dingen und Menschen, die dir Energie
rauben und eine mit Dingen und Menschen, die dir Energie geben.
Plane als Ausgleich mehr von zweiterem in deinem Leben.

# Zeit für Reflexion

Wann hast du das Gefühl, du bist nur „busy" und gehetzt? Wann bist du produktiv und fokussiert?

*Woche* ......................................

## Mantra/Intention
### für die Woche

................................................

................................................

## FOKUS DER WOCHE

○ Selbstbewusstsein　　○ Hingabe　　　○ Entspannung

○ positive Energie　　　○ Ruhe　　　　○

○ Kraft und Stärke　　　○ Erdung　　　○

## WAS TUE ICH DIESE WOCHE FÜR DIE 3 BEZIEHUNGEN?

**Für mich**　　　　　　　　　　**Wann?**

**Für andere**

**Für die Umwelt**

Für Inspirationen siehe Seite 28–31

**Was wird herausfordernd diese Woche?**   **Was kann ich aktiv tun?**

. . . . . . . . . . . . . . . . .   . . . . . . . . . . . . . . . . .
. . . . . . . . . . . . . . . . .   . . . . . . . . . . . . . . . . .
. . . . . . . . . . . . . . . . .   . . . . . . . . . . . . . . . . .
. . . . . . . . . . . . . . . . .   . . . . . . . . . . . . . . . . .
. . . . . . . . . . . . . . . . .   . . . . . . . . . . . . . . . . .

**Worauf freue ich mich diese Woche?**   **Wofür bin ich dankbar?**

. . . . . . . . . . . . . . . . .   . . . . . . . . . . . . . . . . .
. . . . . . . . . . . . . . . . .   . . . . . . . . . . . . . . . . .
. . . . . . . . . . . . . . . . .   . . . . . . . . . . . . . . . . .
. . . . . . . . . . . . . . . . .   . . . . . . . . . . . . . . . . .
. . . . . . . . . . . . . . . . .   . . . . . . . . . . . . . . . . .

## WAS MÖCHTE ICH JEDEN TAG TUN?

Ich .............................. jeden Tag .............................. ,

weil ..............................................................................

o Mo     o Di     o Mi     o Do     o Fr     o Sa     o So

*Meditation*

Sage dir in deiner Meditation das Mantra „Ich bin …" und
setze etwas ein, was du brauchst oder mehr sein möchtest,
z. B. „entspannt", „voller Energie" oder „mutig".

**Woche** ............................................................

*Mantra / Intention*
für die Woche

...........................................................................
...........................................................................

## FOKUS DER WOCHE

o Selbstbewusstsein     o Hingabe     o Entspannung

o positive Energie     o Ruhe     o

o Kraft und Stärke     o Erdung     o

## WAS TUE ICH DIESE WOCHE FÜR DIE 3 BEZIEHUNGEN?

Für mich             Wann?

Für andere

Für die Umwelt

Für Inspirationen siehe Seite 28–31

126

Was wird herausfordernd diese Woche?    Was kann ich aktiv tun?

. . . . . . . . . . . . . . . . . . . . .    . . . . . . . . . . . . . . . . . . . . .
. . . . . . . . . . . . . . . . . . . . .    . . . . . . . . . . . . . . . . . . . . .
. . . . . . . . . . . . . . . . . . . . .    . . . . . . . . . . . . . . . . . . . . .
. . . . . . . . . . . . . . . . . . . . .    . . . . . . . . . . . . . . . . . . . . .
. . . . . . . . . . . . . . . . . . . . .    . . . . . . . . . . . . . . . . . . . . .
. . . . . . . . . . . . . . . . . . . . .    . . . . . . . . . . . . . . . . . . . . .

Worauf freue ich mich diese Woche?    Wofür bin ich dankbar?

. . . . . . . . . . . . . . . . . . . . .    . . . . . . . . . . . . . . . . . . . . .
. . . . . . . . . . . . . . . . . . . . .    . . . . . . . . . . . . . . . . . . . . .
. . . . . . . . . . . . . . . . . . . . .    . . . . . . . . . . . . . . . . . . . . .
. . . . . . . . . . . . . . . . . . . . .    . . . . . . . . . . . . . . . . . . . . .
. . . . . . . . . . . . . . . . . . . . .    . . . . . . . . . . . . . . . . . . . . .
. . . . . . . . . . . . . . . . . . . . .    . . . . . . . . . . . . . . . . . . . . .

## WAS MÖCHTE ICH JEDEN TAG TUN?

Ich ............................................... jeden Tag ...............................................,

weil ...............................................................................................................

○ Mo    ○ Di    ○ Mi    ○ Do    ○ Fr    ○ Sa    ○ So

*Aufgabe*

Was wolltest du schon immer erleben oder tun?
Schreib es auf, vielleicht wird es ja Realität?

# Woche ................................................

## Mantra / Intention
### für die Woche

................................................

................................................

## FOKUS DER WOCHE

o Selbstbewusstsein     o Hingabe     o Entspannung

o positive Energie     o Ruhe     o

o Kraft und Stärke     o Erdung     o

## WAS TUE ICH DIESE WOCHE FÜR DIE 3 BEZIEHUNGEN?

**Für mich**                          **Wann?**

**Für andere**

**Für die Umwelt**

Für Inspirationen siehe Seite 28–31

**Was wird herausfordernd diese Woche?**   **Was kann ich aktiv tun?**

**Worauf freue ich mich diese Woche?**   **Wofür bin ich dankbar?**

## WAS MÖCHTE ICH JEDEN TAG TUN?

Ich ........................................ jeden Tag ........................................ ,

weil ................................................................................................

o Mo   o Di   o Mi   o Do   o Fr   o Sa   o So

*Inspiration*

Wusstest du, dass der Vollmond für das Loslassen steht
und der Neumond für das Manifestieren von Wünschen?

*Woche* .....................................................................

*Mantra / Intention*
für die Woche

.............................................................................................

.............................................................................................

## FOKUS DER WOCHE

o Selbstbewusstsein    o Hingabe    o Entspannung

o positive Energie    o Ruhe    o

o Kraft und Stärke    o Erdung    o

## WAS TUE ICH DIESE WOCHE FÜR DIE 3 BEZIEHUNGEN?

Für mich                Wann?

Für andere

Für die Umwelt

Für Inspirationen siehe Seite 28–31

Was wird herausfordernd diese Woche?    Was kann ich aktiv tun?

Worauf freue ich mich diese Woche?    Wofür bin ich dankbar?

## WAS MÖCHTE ICH JEDEN TAG TUN?

Ich .......................................... jeden Tag .......................................... ,

weil ..........................................................................................................

○ Mo    ○ Di    ○ Mi    ○ Do    ○ Fr    ○ Sa    ○ So

### Zitat

„Es ist niemals zu spät, um neu anzufangen.
Es ist niemals zu spät, um glücklich zu sein."

JANE FONDA

# Meditation: So ham

Nutze das Mantra „So ham" für deine
Meditation. Stelle dir einen Wecker
auf 5–20 Minuten und sage dir im
Stillen mit jeder Einatmung „So" und
jeder Ausatmung „ham". Das Mantra
dient der Erdung und Verbindung
zu deinem tiefen Selbst. Sehr heilsam
und entspannend.

*Woche* ...........................................................

## *Mantra / Intention*
### für die Woche

...............................................................................

...............................................................................

## FOKUS DER WOCHE

o Selbstbewusstsein    o Hingabe    o Entspannung

o positive Energie    o Ruhe    o

o Kraft und Stärke    o Erdung    o

## WAS TUE ICH DIESE WOCHE FÜR DIE 3 BEZIEHUNGEN?

**Für mich**                        **Wann?**

**Für andere**

**Für die Umwelt**

Für Inspirationen siehe Seite 28–31

Was wird herausfordernd diese Woche?    Was kann ich aktiv tun?

Worauf freue ich mich diese Woche?    Wofür bin ich dankbar?

## WAS MÖCHTE ICH JEDEN TAG TUN?

Ich ........................................ jeden Tag ........................................ ,

weil ........................................................................................................

o Mo    o Di    o Mi    o Do    o Fr    o Sa    o So

*Welche Orte dieser Welt möchtest du unbedingt mal bereisen?*

*Woche* ............................................

# *Mantra / Intention*
## für die Woche

.........................................................

.........................................................

## FOKUS DER WOCHE

- o Selbstbewusstsein
- o positive Energie
- o Kraft und Stärke

- o Hingabe
- o Ruhe
- o Erdung

- o Entspannung
- o
- o

## WAS TUE ICH DIESE WOCHE FÜR DIE 3 BEZIEHUNGEN?

Für mich                                    Wann?

Für andere

Für die Umwelt

Für Inspirationen siehe Seite 28–31

**Was wird herausfordernd diese Woche?**

. . . . . . . . . . . . . . . . .
. . . . . . . . . . . . . . . . .
. . . . . . . . . . . . . . . . .
. . . . . . . . . . . . . . . . .

. . . . . . . . . . . . . . . . .

**Was kann ich aktiv tun?**

. . . . . . . . . . . . . . . . .
. . . . . . . . . . . . . . . . .
. . . . . . . . . . . . . . . . .
. . . . . . . . . . . . . . . . .

. . . . . . . . . . . . . . . . .

**Worauf freue ich mich diese Woche?**

. . . . . . . . . . . . . . . . .
. . . . . . . . . . . . . . . . .
. . . . . . . . . . . . . . . . .
. . . . . . . . . . . . . . . . .

**Wofür bin ich dankbar?**

. . . . . . . . . . . . . . . . .
. . . . . . . . . . . . . . . . .
. . . . . . . . . . . . . . . . .
. . . . . . . . . . . . . . . . .

## WAS MÖCHTE ICH JEDEN TAG TUN?

Ich ............................................... jeden Tag ............................................... ,

weil ...............................................................................................................

○ Mo    ○ Di    ○ Mi    ○ Do    ○ Fr    ○ Sa    ○ So

*Aufgabe*

**SÄULEN DER GESUNDHEIT**
Konzentriere dich auf dein Nervensystem. Mache 30–60 Minuten
Yoga Nidra (siehe Seite 109) oder meditiere jeden Tag und beob-
achte, wie sich deine Stressresilienz verhält.

*Woche* .....................................................................

## *Mantra / Intention*
### für die Woche

.....................................................................................

.....................................................................................

## FOKUS DER WOCHE

o Selbstbewusstsein      o Hingabe        o Entspannung

o positive Energie       o Ruhe           o

o Kraft und Stärke       o Erdung         o

## WAS TUE ICH DIESE WOCHE FÜR DIE 3 BEZIEHUNGEN?

Für mich                              Wann?

Für andere

Für die Umwelt

Für Inspirationen siehe Seite 28–31

Was wird herausfordernd diese Woche?    Was kann ich aktiv tun?

Worauf freue ich mich diese Woche?    Wofür bin ich dankbar?

## WAS MÖCHTE ICH JEDEN TAG TUN?

Ich ........................................... jeden Tag ..................................................... ,

weil .........................................................................................................

o Mo    o Di    o Mi    o Do    o Fr    o Sa    o So

*Zitat*

„Gehe mit dir selbst keine Kompromisse ein.
Du bist alles, was du hast."

JANIS JOPLIN

# Woche ......................................

## Mantra / Intention
### für die Woche

.................................................

.................................................

## FOKUS DER WOCHE

| | | |
|---|---|---|
| ○ Selbstbewusstsein | ○ Hingabe | ○ Entspannung |
| ○ positive Energie | ○ Ruhe | ○ |
| ○ Kraft und Stärke | ○ Erdung | ○ |

## WAS TUE ICH DIESE WOCHE FÜR DIE 3 BEZIEHUNGEN?

**Für mich**                                    **Wann?**

**Für andere**

**Für die Umwelt**

Für Inspirationen siehe Seite 28–31

**Was wird herausfordernd diese Woche?**     **Was kann ich aktiv tun?**

**Worauf freue ich mich diese Woche?**     **Wofür bin ich dankbar?**

## WAS MÖCHTE ICH JEDEN TAG TUN?

Ich ........................................... jeden Tag ........................................... ,

weil ...................................................................................................

○ Mo     ○ Di     ○ Mi     ○ Do     ○ Fr     ○ Sa     ○ So

*Übung*

Einfach mal aufstehen und räkeln! Tiere machen das intuitiv,
wenn sie aufstehen oder lange regungslos waren. Wir haben
das wohl irgendwie vergessen.

*Woche* ............................................................

## *Mantra / Intention*
### für die Woche

..........................................................................

..........................................................................

## FOKUS DER WOCHE

o Selbstbewusstsein     o Hingabe     o Entspannung

o positive Energie     o Ruhe     o

o Kraft und Stärke     o Erdung     o

## WAS TUE ICH DIESE WOCHE FÜR DIE 3 BEZIEHUNGEN?

Für mich                       Wann?

Für andere

Für die Umwelt

Für Inspirationen siehe Seite 28–31

**Was wird herausfordernd diese Woche?**

**Was kann ich aktiv tun?**

**Worauf freue ich mich diese Woche?**

**Wofür bin ich dankbar?**

## WAS MÖCHTE ICH JEDEN TAG TUN?

Ich ............................................. jeden Tag ............................................. ,

weil .............................................................................................................

o Mo    o Di    o Mi    o Do    o Fr    o Sa    o So

*Zitat*

„Folge nie der Menge, nur weil du Angst hast, anders zu sein.“
MARGARET THATCHER

# Zeit für Reflexion

Was waren deine Highlights in den letzten Wochen?
Wie haben sich diese Momente angefühlt, wo warst du
und wer war dabei?

*Woche* ..............................................................

## Mantra / Intention
### für die Woche

..............................................................

..............................................................

## FOKUS DER WOCHE

o Selbstbewusstsein        o Hingabe        o Entspannung

o positive Energie         o Ruhe           o

o Kraft und Stärke         o Erdung         o

## WAS TUE ICH DIESE WOCHE FÜR DIE 3 BEZIEHUNGEN?

**Für mich**                    Wann?

**Für andere**

**Für die Umwelt**

Für Inspirationen siehe Seite 28–31

Was wird herausfordernd diese Woche?     Was kann ich aktiv tun?

Worauf freue ich mich diese Woche?     Wofür bin ich dankbar?

## WAS MÖCHTE ICH JEDEN TAG TUN?

Ich ............................................. jeden Tag ............................................. ,

weil .................................................................................................................

○ Mo     ○ Di     ○ Mi     ○ Do     ○ Fr     ○ Sa     ○ So

*Was möchtest du gerne öfter machen,
wofür dir aktuell die Zeit fehlt?*

*Woche* ..........................................................................

## *Mantra / Intention*
### für die Woche

..........................................................................

..........................................................................

## FOKUS DER WOCHE

o  Selbstbewusstsein      o  Hingabe        o  Entspannung

o  positive Energie       o  Ruhe           o

o  Kraft und Stärke       o  Erdung         o

## WAS TUE ICH DIESE WOCHE FÜR DIE 3 BEZIEHUNGEN?

**Für mich**                        **Wann?**

**Für andere**

**Für die Umwelt**

Für Inspirationen siehe Seite 28–31

**Was wird herausfordernd diese Woche?**   **Was kann ich aktiv tun?**

**Worauf freue ich mich diese Woche?**   **Wofür bin ich dankbar?**

## WAS MÖCHTE ICH JEDEN TAG TUN?

Ich ............................................ jeden Tag ............................................ ,

weil ..............................................................................................................

○ Mo   ○ Di   ○ Mi   ○ Do   ○ Fr   ○ Sa   ○ So

*Zitat*

„Sei eine erstklassige Ausgabe deiner selbst,
keine zweitklassige von jemand anderem."
JUDY GARLAND

## Woche ......................................................

# Mantra / Intention
### für die Woche

......................................................

......................................................

## FOKUS DER WOCHE

o Selbstbewusstsein     o Hingabe     o Entspannung

o positive Energie        o Ruhe       o

o Kraft und Stärke      o Erdung     o

## WAS TUE ICH DIESE WOCHE FÜR DIE 3 BEZIEHUNGEN?

**Für mich**                             **Wann?**

**Für andere**

**Für die Umwelt**

Für Inspirationen siehe Seite 28–31

Was wird herausfordernd diese Woche?    Was kann ich aktiv tun?

Worauf freue ich mich diese Woche?    Wofür bin ich dankbar?

## WAS MÖCHTE ICH JEDEN TAG TUN?

Ich ......................................................... jeden Tag ......................................................... ,

weil .........................................................................................................................

○ Mo    ○ Di    ○ Mi    ○ Do    ○ Fr    ○ Sa    ○ So

## Aufgabe

Schreibe jeden Abend drei Dinge auf, für die du dankbar bist.
Das ist etwas, was ich selbst seit längerer Zeit mache, und wodurch
sich unglaublich viel in meinem Leben getan hat.

# Woche .........................................

## Mantra / Intention
für die Woche

..................................................

..................................................

## FOKUS DER WOCHE

| | | |
|---|---|---|
| o Selbstbewusstsein | o Hingabe | o Entspannung |
| o positive Energie | o Ruhe | o |
| o Kraft und Stärke | o Erdung | o |

## WAS TUE ICH DIESE WOCHE FÜR DIE 3 BEZIEHUNGEN?

**Für mich**        **Wann?**

**Für andere**

**Für die Umwelt**

Für Inspirationen siehe Seite 28–31

Was wird herausfordernd diese Woche?       Was kann ich aktiv tun?

Worauf freue ich mich diese Woche?       Wofür bin ich dankbar?

Ich .......................................... jeden Tag .............................................. ,

weil ..........................................................................................................

o Mo    o Di    o Mi    o Do    o Fr    o Sa    o So

*Wen hast du lange nicht gesehen und würdest ihn/sie gerne kontaktieren?*

# Woche

························································

## *Mantra / Intention*
### für die Woche

··················································································

··················································································

## FOKUS DER WOCHE

o Selbstbewusstsein      o Hingabe      o Entspannung

o positive Energie      o Ruhe      o

o Kraft und Stärke      o Erdung      o

## WAS TUE ICH DIESE WOCHE FÜR DIE 3 BEZIEHUNGEN?

Für mich                              Wann?

Für andere

Für die Umwelt

Für Inspirationen siehe Seite 28–31

Was wird herausfordernd diese Woche?    Was kann ich aktiv tun?

.  .  .  .  .  .  .  .  .  .  .  .  .  .  .

Worauf freue ich mich diese Woche?    Wofür bin ich dankbar?

## WAS MÖCHTE ICH JEDEN TAG TUN?

Ich ........................................... jeden Tag ........................................... ,

weil ...............................................................................................

o Mo   o Di   o Mi   o Do   o Fr   o Sa   o So

*Zitat*

„Never doubt that a small group of thoughtful, committed citizens can change the world. Indeed, it is the only thing that ever has."

MARGARET MEAD

# Zeit für Reflexion

Was wünschst du dir von anderen Menschen?
Was davon könntest du anderen geben,
denn wahrscheinlich geht es ihnen ähnlich?

# MEINE
## *Quellen & Inspirationen*

### BÜCHER:

○ *Liebe* von **Paulo Coelho**

○ *Milch und Honig* von **Rupi Kaur**

○ *Sanftmut kann die Welt erschüttern* von **Arun Gandhi**

○ *Book of Joy* von **Dalai Lama und Erzbischof Tutu**

○ *Braving the Wilderness* von **Brené Brown**

○ *Das geheime Leben der Bäume* von **Peter Wohlleben**

○ *Die vier Versprechen: Ein Weg zur Freiheit und Würde* von **Don Miguel Ruiz**

○ *Happier* von **T. Ben-Shahar**

### TED TALKS:

○ **Jill Bolte Taylor** – *My Stroke of Insight*

○ **Steve Jobs** – *How to Live Before You Die*

○ **Esther Perel** – *The Secret to Desire in a Long-Term Relationship*

### PERSONEN:

○ Jane Goodall

○ Luisa Neubauer

○ Maya Angelou

○ Mahatma Gandhi

○ Nelson Mandela

○ Sophie Scholl

○ Deepak Chopra

○ Brené Brown

### PODCASTS:

○ **Jay Shetty** – *On Purpose*

○ *Deliciously Ella*

○ *Female Leadership*

○ *Der Rolemodels Podcast*

○ **Esther Perel** – *Where Should We Begin*

○ **Brené Brown** – *Unlocking Us*

○ **Laura Malina Seiler** – *Happy Holy Confident*

# ÜBER DIE
*Autorin*

„Yoga ist ein wundervoller Kompass für ein Leben in Balance mit sich, den Mitmenschen und der Umwelt."

Sinahs Yoga-Stil ist sehr fließend, durch ihren tänzerischen Hintergrund inspiriert, folgt den Wellen des Atems und lädt dich dazu ein, wieder der Intuition zu vertrauen und die Intelligenz des eigenen Körpers neu zu erwecken. Während ihres Studiums „Wissenschaftliche Grundlagen des Sports" beschloss sie, zusätzlich ihren Traum von einer professionellen Tanzausbildung zu verwirklichen. Die Tanzausbildung im Bereich zeitgenössischer Tanz schloss sie an der Iwanson International ab und verbrachte im Anschluss daran über ein halbes Jahr in New York, wo sie ein Praktikum absolvierte und in unterschiedlichen Studios Tanz und Yoga übte. Sie versucht, diese Liebe für Yoga auf eine freie, anwendbare und fröhliche Art weiterzugeben, die Körper und Geist aus gewohnten Mustern herausfordert und zu einem gesunden und ausgeglichenen Lebensstil inspiriert. Neben dem Yoga-Unterricht arbeitet Sinah als Model im Sportbereich, setzt sich für Umweltschutz und Selbstliebe auf Social Media ein und unterstützt soziale Organisationen und Stiftungen wie Earth Child Project in Südafrika und TuaRes in Burkina Faso.

Im Jahr 2018 gründete Sinah mit Sophia Thora das BodyMindTherapy Studio „Kale & Cake", welches nun neben Klassen vor Ort in München Online-Streams, Yoga-Ausbildungen, einen Podcast, ein Online-Magazin und vieles mehr anbietet.

www.sinahdiepold.de
www.kaleandcake.de

Podcast „Kale & Cake" auf Spotify und iTunes
IG: @sinahdiepold @kaleandcake.de
FB: @sinahdiepold @kaleandcake.de
YouTube: Sinah Diepold und Kale & Cake

B. Sc. Sportwissenschaften
Yoga-Lehrerin
Autorin/Podcasterin
Gründerin von Kale & Cake

# IMPRESSUM

Bibliografische Information der Deutschen Bibliothek.

Die Deutsche Bibliothek verzeichnet diese Publikation in der Deutschen Nationalbibliografie.

Detaillierte bibliografische Daten sind im Internet über http://www.dnb.de/ abrufbar.

Die im Buch veröffentlichten Aussagen und Ratschläge wurden von Verfasser und Verlag sorgfältig erarbeitet und geprüft. Eine Garantie für das Gelingen kann jedoch nicht übernommen werden, ebenso ist die Haftung des Verfassers bzw. des Verlags und seiner Beauftragten für Personen-, Sach- und Vermögensschäden ausgeschlossen.

Bei der Verwendung im Unterricht ist auf dieses Buch hinzuweisen.

EIN BUCH DER EDITION MICHAEL FISCHER

1. Auflage 2021

© 2021 Edition Michael Fischer GmbH, Donnersbergstr. 7, 86859 Igling

Covergestaltung, Layout und Satz: Anna Obermüller

Produktmanagement und Lektorat: Katharina Steffelmaier

Coverfoto: Susanne Schramke, München

Illustrationen: Klebestreifen: © MicroOne/Shutterstock; Layoutelemente Pflanzen: © Olga.And. Design/Shutterstock; S. 41: © Amatus Sami Tahera/Shutterstock; S. 61: © APword/Shutterstock; S. 92/93: © Marina Parfenova/Shutterstock; S. 113: © Sunnyfields/Shutterstock; S. 133: © Kristina Kristamore/Shutterstock.

ISBN 978-3-7459-0343-0

Gedruckt bei Polygraf Print, Čapajevova 44, 08001 Prešov, Slowakei

www.emf-verlag.de